Cocina Vasca

Jesús Llona Larrauri

Garbiñe Badiola

Cocina Vasca

EDITORIAL EVEREST, S. A.

Madrid • León • Barcelona • Sevilla • Granada • Valencia
Zaragoza • Las Palmas de Gran Canaria • La Coruña
Palma de Mallorca • Alicante • México • Lisboa

Las fotografías de este libro han sido realizadas en los siguientes restaurantes:

- Asador **Kupela** de Bilbao: fotografía de la página 23.
- Asador **La Gabarra**: fotografías de las páginas 7, 27.
- **Gure Txoko** de Bilbao: fotografía de la página 31.
- Restaurante **Andra Mari**, de Galdakano: fotografías de las páginas 17,45, 51, 61,65.
- Restaurante **Bermeo** de Bilbao: fotografías de las páginas 35, 39, 97, 105, 125, 137, 155, 167.
- Restaurante **Currito** de Santurce: fotografías de las páginas 15, 153, 173.
- Restaurante **Gorrotxa**, de Bilbao: fotografías de la página 111, 117, 121, 177, 185.
- Restaurante **Guria** de Bilbao: fotografías de las páginas 77, 87, 163, 181.
- Restaurante **Jolastoki** de Getxo: fotografías de las páginas 57, 69, 147.
- Restaurante **Txixilu**, de Bilbao: fotografías de las páginas 11, 73, 81, 93, 131, 143, 159, 171.

La editorial agradece a todos ellos la colaboración prestada.

Coordinación Editorial: Ricardo García Herrero
Maquetación: Jorge Garrán Marey
Diseño de cubierta: Alfredo Anievas
Fotografías: Imagen MAS

PRIMERA EDICIÓN, primera reimpresión 1996

Carretera León-La Coruña km 5 - LEÓN
ISBN: 84-241-2372-7
Depósito Legal: LE: 965 - 1996
Printed in Spain - Impreso en España

EDITORIAL EVERGRÁFICAS, S. L.
Carretera León-La Coruña km 5
LEÓN (ESPAÑA)

ÍNDICE

Pág.

Presentación

La gastronomía y el pueblo vasco. Comer en Euskadi

El pueblo vasco, como sabemos, cuenta hoy en día con la cocina más elaborada del Estado Español. Es lo que llamamos Gastronomía Vasca y ha alcanzado dimensiones universales, convirtiéndose en un hecho cultural y social y en un signo espléndido de la vida de este pais.

Uno de sus más excelsos admiradores fué el Dr. Gregorio Marañón que dijo que esta cocina se halla sin duda «a la cabeza de las excelencias culinarias hispánicas, con tan unánime reconocimiento que basta su mención».

Preguntado Michel Gerard, uno de los monstruos de la cocina universal, sobre la cocina vasca, dijo: «lo que más me gusta de la cocina vasca es que ha sabido conservar su carácter», o su identidad que es lo mismo que calidad, diríamos nosotros.

El mismo Michel Gerard dijo: «la cocina es amistad», y alrededor de los fogones vascos se cuecen, además de exquisitos manjares, toda una tradición de cocina hecha con amor y de gran camaradería que se demuestra con los placeres de la mesa.

La irrupción de numerosos cocineros de talla internacional en las dos últimas décadas -Arzak, Subijana, Arguiñano, Pildain, Santos, Gorrotxa, Irizar, etc...-, es una buena muestra para reflejar la mejor tradición culinaria que ha sabido, además adaptarse a los nuevos tiempos, aprender de otros, y penetrar con gran fuerza en la historia y en el mundo de la cocina.

La cocina vasca es de una variedad y riqueza extraordinarias. Se ha dicho que los vascos hemos logrado con tan solo las cuatro salsas singulares para el pescado -la roja en los platos a la vizcaina, la blanca en el pil-pil, la verde en la merluza y la negra en los txipirones en su tinta-, componer y elaborar una gran variedad de platos de gran calidad y dotados de una proyección universal.

De todos es sabido que un pueblo es como come o, dicho de otra manera, come como es, y la cocina en segundo lugar, después de la lengua, forma parte de el patrimonio cultural de nuestro pueblo.

La pregunta que surge de manera automática es: ¿cómo comemos los vascos?

La nuestra es una cocina de calidad. Decía un periodista gastronómico «la cocina vasca no está inventada, ni acomodada, ni compuesta de otras procedencias, sino fundida y forjada en esfuerzo de titanes, como se funde, forja y templa el hierro de los Altos Hornos», y es que la cocina vasca, la vieja, luego la nueva y ahora la regional, y siempre de temporada con lo mejor del mercado, han elevado a la calidad de cultura a la cocina y al cocinero, llevando a este último al nivel de artista, obligándole a convertirse en un profesional preparado, lo que a su vez revierte en el enriquecimiento de la propia cocina en sí.

La cocina vasca, ha revitalizado los buenos productos del mar, del caserío o de la huerta, los mismos productos que siempre estuvieron presentes en nuestros restaurantes y asadores haciéndolos más atractivos y ligeros, y dotándoles de una variedad y riqueza extraordinaria.

Los grandes asados

El asado es una de las formas más antiguos y naturales de preparar carnes y pescados. Es tan viejo como el descubrimiento del fuego hace 70.000 años, en el Paleolítico Inferior, y se basa en la acción directa del calor seco que concentra en el interior del alimento todo su jugo.

Los asados al horno para las piezas

grandes; la cazuela, que admite un asado menos seco que el clásico; la parrilla, el método más directo que exige un fuego rápido y vivo; el burduntzi, tan viejo como nuestra cultura, que consiste en ensartar las piezas enteras de ternera, cordero, etc, para asarlas a las brasas del carbón vegetal; y más modernamente el papel de aluminio, son las formas en que se presenta habitualmente esta faceta de nuestra cocina.

La cocina vasca ha elevado a la categoría de sublime algunos asados como el cogote de merluza a la parrilla, plato tradicional que, a base de pescado fresquísimo, ha adquirido gran popularidad y aprecio en las últimas décadas; el rodaballo, de gran prestigio en la cocina internacional y símbolo de categoría gastronómica desde antiguo, se presenta delicioso al horno o a la parrilla; el besugo, seguramente el espárido más importante de nuestra cultura culinaria, de carnes blancas, y sabor delicado y suave; la mendreska o ventreska de bonito del norte, pieza única formada por la parte ventral de este pescado; y las populares sardinas de Santurce, historia y tradición que han recorrido todo el mundo.

El cordero lechal de gratísimo paladar; los chuletones de buey o chuletas de palo, también conocidos como Villagodios, que se preparan con las costillas del lomo alto, puestas a la parrilla directamente sobre el fuego, jugosas por dentro, y que son el estandarte de los asados cárnicos vascos

Los pimientos y las setas

Dulces o picantes, frescos o secos los pimientos dan sabor propio a nuestra cocina y son algo más que un ingrediente.

Llegaron de América, como el tomate o la patata, y son numerosas las variedades que hoy se cultivan en Euskalherría, bien diferenciadas entre sí ya sea por su tamaño, su color o sabor.

El pimiento verde del país, de la huerta vizcaína, es un sublime manjar para disfrutarlo en el verano. Podemos asegurar que es uno de los frutos más singulares y exquisitos que brotan de esta tierra. Simplemente fritos ya resultan fascinantes y se pueden comer varias docenas de una sola sentada ya que están dotados de una ternura encantadora, apenas tiene piel, y destacan por su excelente aroma y por su calidad sedosa al paladar.

Los pimientos verdes del país también se emplean para envolver distintos manjares, dando lugar a la renombrada «cocina del relleno», introduciendo en su interior txangurro, setas con langostinos, bacalao, txipirones o patitas de cordero.

Todo un delicioso mundo para el paladar que eleva a la categoría de sublime al protagonista principal, el pimiento verde del país, o Gernikako Piperra.

De otra parte, están los pimientos del Piquillo de Lodosa, variedad única, que han logrado un reconocimiento universal.

Caracterizados por su color rojo, corta longitud (no suelen superar los 10 cm.), diámetro medio, forma triangular, con el ápice agudo, textura fina y levemente carnosa, se preparan asados con leña dentro de un horno y, pelados a mano, se presentan como auténticas glorias culinarias para satisfacer a los estómagos más exigentes, ya sea en su estado natural, rellenos o como perfecto acompañamiento para otros manjares.

La «carne vegetal», como se llama a las setas, es un alimento tradicional y de temporada. Después de la lluvia, cuando surgen los calores, las setas abundan en los bosques de Euskalherría, y la amplia cultura gastronómica de este pueblo hace que

Cocido de alubias *(página 38)*

constituyan en su época verdaderas delicias para el paladar. La « ziza-ori» o «saltxa perretxiku» (*Cantarellus Cibaruis*), las diferentes «urretxas», «gibelurdiñas» y «tellagorris» (Familia de las *Russulas*), «ontto beltzas y zuris» (*Boletus aereus* y *edulis*) y las «ziza zuris» o «txipakik», nombre de las gamuzas (*Hydnum rpandum*).

«Zizas» y «gamuzas» son riquísimas en los revueltos, sin olvidar los «perretxikus»», llamados también «sisas blancas» o setas de Orduña (*Tricholoma Georgii*), de color blanco amarillento y extraordinariamente perfumadas. También son delicadas la «gorringo» o «kuleto» (*Amarita Caesarea*), la «galanperna» (*Lepiota Procera*) y la «barrengorri» o champiñón de campo (*Psaliota Campestris*), y todas constituyen una maravilla gastronómica.

Los pescados y mariscos

Son los productos del mar, los pescados y los mariscos, los que identifican y señalan nuestra forma de comer, y habría que decir que este buen cartel se concreta en los pescados capturados por nuestros arrantzales y que son desembarcados en Bermeo, Ondárroa, Hondarribia, etc., en las modalidades de anzuelo, en barcos de bajura que regresan a puerto en el día, y a los cientos de embarcaciones que apenas se alejan tres o cuatro millas de la costa.

Las merluzas de anzuelo o de pincho, procedentes de Bermeo y Hondarribia, los calamares o txipirones que llegan casi vivos a las cocinas de tantos restaurantes costeros, las lubinas que acuden a los estuarios de nuestros ríos, y otros pescados deliciosos como los salmonetes, las doradas, etc. obtenidos con métodos artesanales, son una auténtica delicia de nuestra cocina.

Aparte de los ya indicados, tenemos que añadir las frágiles, pero no por ello menos importantes, anchoas que se cocinan con aceite y ajos, bien sean fritas o albardadas, y a las sardinas, de igual o mayor importancia, ambas especies se capturan con red de cerco.

En cuanto a los mariscos, gustosos y caros, son emblemáticos en nuestras mesas los percebes, la langosta, el bogavante, las cigalas y los langostinos.

Aunque seguramente es el centollo el que tiene una destacada presencia en su forma vasca: el txangurro, preparado a base de picadillo de centollo al que se le añaden verduras, jerez, especias, etc., y que ha dado lugar al nacimiento de una receta excelsa, y que a su vez ha originado otra también suprema en base al mismo preparado, los pimientos del piquillo rellenos de txangurro.

Los potajes y las verduras

Hay pocas cosas tan apetecibles en los días fríos y largos del invierno como uno de los sustanciosos y nutritivos potajes a los que somos tan aficionados los vascos.

Su base son las legumbres, y dentro de ellas las más populares son las alubias que durante decenios y generaciones fueron una constante en el plato diario, generalmente negras, pintas o rojas, como las de Gernika y Tolosa, y también las «pochas», alubias de temporada que aún no están secas, acompañadas de sustanciosos chorizos, morcillas, y con patatas, verduras, etc.

En cuanto a las verduras, que se cultivan en las huertas de Euskalherría, hay que destacar las exquisitas alcachofas, los deliciosos espárragos blancos y gruesos, los «cogollicos», una variedad de lechuga rizada, las espinacas de hojas muy tiernas, los frescos tomates de verano, los cardos invernales, las coliflores, las habas de los primeros días de mayo, las borrajas, y un amplio abanico de ingredientes con los que se pueden confeccionar variados y deliciosos platos.

Los postres

En la cocina tradicional o en las nuevas cocinas renovadas, los postres vascos han despuntado desde siempre por ser exquisitos.

Hay pocos quesos pero todos de gran calidad, destacan con gran renombre los elaborados en Aralar, Urbía, Orduña, Gorbea y Andía, entroncados todos bajo la Denominación de Origen Idiazabal, hechos con leche de oveja ahumada o sin ahumar.

No debemos olvidarnos de la mamía o cuajada, otro ancestral postre de las «etxekoandres» vascas, el arroz con leche, las natillas, las tostadas, la intxaursalsa, las peras al vino, las manzanas asadas y la compota.

Entre las frutas hay que destacar con nombre propio las cerezas, las ciruelas, los melocotones, los higos, las manzanas que podrían ser la fruta típica vasca, las nueces y las castañas, sin olvidar el kiwi de reciente implantación, que se cultiva en Euskadi con acierto.

Alegorías de cosas típicas

Las bodegas representan en el País Vasco algo más que un lugar en donde se envasa el vino.

Txakolí gorri de Bakio

El txakolí es un vino con aroma a mar que se asoma al Cantábrico con todo el rito ceremonial que le permite acompañar al bacalao, la merluza, los txipirones, etc.

Es una bebida de poca graduación, ligera, joven y fresca, cuyo nacimiento se pierde en la oscuridad inconcreta de las leyendas y los tiempos.

Para unos la viticultura en el País Vasco fue introducida por los romanos, mientras que otros dicen que corría el año 11 de nuestra Era cuando un amanuense de la anteiglesia de Básigo de Bakio, copió en la lengua vernácula, el euskera, la palabra txakolí para referirse a un tipo concreto de vino o licor.

También hay menciones acerca de que en la cornisa cantábrica se elabora vino desde el siglo IX, y en el siglo XV, en el Valle del Cadagua, el pequeño centro comercial de Balmaseda era un verdadero viñedo, constituyendo las vides emparradas una importante fuente de bienes para sus habitantes.

A partir del siglo XVI se citan las numerosas viñas de los bordes de la ría de Gernika, Pedernales, Axpe de Busturia, o incluso en Plencia, y en el siglo XVIII se prohíbe a los vecinos de Bermeo introducir txakolí de los pueblos colindantes hasta que se agotara el local.

A todo lo largo de la ría, los pueblos vitivinícolas más importantes fueron Portugalete y Bilbao junto con Abando y Begoña.

Bilbao, en concreto durante el siglo XV, estuvo rodeado de bonitos parrales en Uríbarri, Achuri y Ascao, y el txakolí fue consustancial con la vida bilbaína hasta el extremo de que se le compara con los vinos de Rhin y Mosela.

Contaba Unamuno que las típicas meriendas de bacalao, txipirones y merluza comenzaban en el txakolí de Matiko y continuaban por Zurbaran, Begoña, Deusto, Albia, etc.

Así se hicieron famosos los txakolís de Montaño, hasta hace pocos años también reconocido por sus concursos de pajaros cantores, los de Patillas y Tutulo de Begoña, el de Patacón, próximo al Viejo Matadero de Matiko, el de Zollo, etc., donde los bilbainitos tomaban «txakolí gorri».

En el País Vasco, el ataque del oidium y la filoxera a finales del siglo pasado, no provocó la desaparición total del viñedo, aunque la gran víctima fueron las uvas negras que producían el txakolí tinto, extendidas particularmente por las Encartaciones, mientras que la «parra francesa» de uva blanca resistió, y se reconstruyeron los viñedos con ésta.

Hoy, las variedades más conocidas y extendidas son la Ondarribi Beltza (Cabernet Franc) que produce txakolí tinto y rosado, la Ondarribi Zuri (Courbu) que da lugar al txakolí blanco, y la Folle Blanc.

En los comienzos de siglo, había 600 hectáreas de viñedos, en 1935 eran 450, y en los años 80 eran 25 hectáreas en Guipuzkoa y algunas menos en Bizkaia, destacando Bakio con 7 hectáreas y Balmaseda con 3 hectáreas.

Actualmente en Bizkaia hay más de 60 hectáreas en las que se centran principalmente las tres variedades descritas, y así uniforman la calidad del txakolí manteniendo su carácter, y aportan al mercado txakolí blanco, tinto y rosado también llamado «ojo de gallo», en función de las variedades de uva utilizadas, y de los procesos enológicos.

Este vino al que algunos tildaron de vinagrillo, con el decidido apoyo de la Administración vasca y la respuesta fuerte de sus hombres, vuelve a renovar viñedos centenarios introduciendo donde es posible la mecanización y las técnicas modernas de elaboración. Vino con «respe», «chispa», «bishigarri» o aguja, vuelve con aureola de vino entrañable que no cubre ni siquiera el 50 % de la demanda, concentrada básicamente en las zonas productoras.

Después de unos años dedicados a trabajar en viñas experimentales con distintos tipos de injerto, estudios biológicos sobre la fermentación, y las mejoras en el prensado, bombas, embotelladoras, etc., se considera que hoy en día la demanda alcanza el doble o el triple de la oferta existente, y todas las cosechas se agotan a mitad de año y son vendidas a buen precio.

Bajo la Denominación de Origen Bizkaiko Txakolina, se reunen los productores de Bizkaia, que identifican el txakolí con una contraetiqueta, que garantiza la calidad de este vieja bebida. En Gipuzkoa la producción se concentra en las localidades de Getaria y Zarautz donde bajo la Denominación de Origen «Getariako Txakolina», se obtiene sobre todo txakolí blanco

El txakolí blanco o rosado se debe tomar fresco, a unos 10° C, y el txakolí tinto se puede beber a temperatura ambiente, siempre en copa de cristal fino y con boca estrecha, y nunca en vaso.

Se puede tomar en muy diversas situaciones, como aperitivo, antes de las comidas es ligero y tonificante, o se puede disfrutar con los entrantes y los platos de pescado y marisco. El txakolí tinto acompaña bien a cualquier plato.

La Cocina Vasca utiliza esta bebida como ingrediente identificador de muchas recetas de cocina y los mejores maestros de la gastronomía lo han incorporado a sus fogones con gran éxito, dando a sus platos una exquísita personalidad propia.

El txakolí representa, con su sabor y aroma a mar, la ancestral tradición vinícola del País Vasco

Agua de Bilbao, la única agua fría que calienta

La historia del «Agua de Bilbao» nos la relatan al unísono K. Toño Frade, bilbainísimo lleno de recuerdos de la Villa, y Castor Artajo, célebre hostelero bilbaino dueño de los bares «Artajo» y «La Goleta», y se remonta a las postrimerías de la primera guerra mundial.

En el «botxo», los «txinbos» tenían tanto trabajo y dinero que no sabían que hacer con este último que les entraba a raudales.

Compraban de todo, cuadros para admirar quizá los marcos, pianos sin saberlos tocar, los mejores coches de la época, y como cabe suponer, comida y bebida en abundancia, lo mejor de lo mejor.

En este ambiente de euforia y dinero, jugaba el Athletic del «botxo», en Donosti contra la Real, y la victoria de los del «botxo» fue rotunda. Un grupo de bilbainos cenaron en «Nicolasa» y el célebre Castor Artajo, recogió la leyenda y lo que sucedió allí: «Sería el año dieciocho, fin de la guerra mundial cuando el Athletic del «bocho» jugaba contra la Real. Con Ibarreche en la puerta, la victoria fue total y celebraron la victoria en «Nicolasa», la cena fue una auténtica bacanal. Tras los postres y el café y estando ya bien servidos, pidieron sin mala fe: -¡A ver, Agua de Bilbao!

El camarero y el «maitre» buscaron y volvieron de mal «caletre», sólo había en la bodega agua de Solares y de Lanjarón.

Como no les entendían, quedó el asunto «aclarao» ya que en el «bocho» se bebían el champán como si fuera agua y lo hacían llamar «Agua de Bilbao».

Cuando pidieron la cuenta, y vieron que no les cobraban el champán, les dijo «Nicolasa» que en su casa y en San Sebastián, el agua no la cobraban a los de otra capital».

Artajo tuvo la feliz ocurrencia de «industrializar» el «Agua de Bilbao», haciendo llegar el champán, que era bebida de las clases adineradas, a todos los bilbainos que visitaron su establecimiento.

Salsa vizcaína, salsa de salud

Por encima de polémicas sobre sus ingredientes, este plato es un «10» dietético.

En cualquier lugar del País Vasco que se precie de saber gastronómico, la salsa vizcaina es motivo de polémica por dos razones: si se le añade o no tomate, y la razón por la que los cocineros guipuzcoanos, en general, la utilizan poco e incluso, como dicen algunos de ellos, les sale mal, mientras que se argumenta que a los vizcaínos le sale casi siempre bordada.

Esta última, entre bromas y verdades, es una sinrazón: sale bien cuando uno quiere.

Si nos remontamos a la historia, habrá que convenir que esta salsa puede tener poco más de 200 años porque el pimiento, base de la misma, que se cultivaba en América en tiempos preincaicos, fue traído a España por Colón, fijándose su patria, según los botánicos, en Brasil o quizá en México, donde los indígenas lo conocían con el nombre de «chili» y los portugueses y españoles lo llamaron simplemente pimiento o pimiento de Brasil.

Por otra parte, está presente la cebolla que es una hortaliza sencilla, tan vieja como la humanidad, y que formó a buen seguro parte de los primeros guisos del hombre.

Habría que añadir, en los tiempos modernos, el tercer ingrediente básico de la salsa vizcaina, el aceite de oliva que sustituye a la manteca o al tocino fundido como aparecía en las fórmulas antiguas, ésto es una consecuencia de los tiempos modernos, del devenir culinario más sencillo y práctico, aunque todavía hay personas que utilizan la grasa animal en su composición.

A partir de estos tres elementos básicos esta salsa ha sido y es motivo de discusión porque para algunos debe llevar tomate en su composición, aunque la discusión es más entre entendidos que entre amas de casa que pasan olímpicamente de «piques» geográficos y sesudos, e incluso otros le añaden pan, harina y hasta mantequilla.

¿Cuál es la verdadera receta de esta salsa considerada por algunos, junto con la paella, como uno de los platos más divulgados, tanto en España como en el extranjero?

Angel Muro, considerado como el más grande y prolífico de los cocinólogos españoles, en su libro *El practicón*, publicado en 1894, decía que hay mas fórmulas «que días de vigilia en siete años», ofreciendo una con pimientos choriceros y otra sin ellos, y otra con tomate y una más sin éste aditamento.

Dolores Vedia de Uhagón, ilustre cocinera de primeros de siglo, en su *Libro de cocina a propósito para la mesa vizcaina*, no emplea para nada el tomate.

Tampoco lleva tomate la fórmula que emplea Nicolasa Pradera en 1933, a través de su archiconocido libro *La cocina de Nicolasa,* presente en muchos fogones.

Mientras otro libro indispensable *La cocina completa,* publicado también en 1933 por la marquesa de Parabere, ofrece dos fórmulas, una con choriceros y tomate y otra sin éste.

Por su parte, el célebre Domenech, publicó en 1935 su famoso libro *Cocina vasca laurak bat* con varias alterantivas sobre esta salsa pero siempre con tomate.

En tanto que el no menos nombrado, Teodoro Bardají, cocinero aragonés enamorado de la cocina vasca, en su *Cocinar para fiestas,* no menciona el empleo de tomate para nada.

En los tiempos modernos es obligado hacer referencia al inolvidable Busca Isusi, que en su libro *La cocina vasca de los pescados y mariscos* (1985), al hacer referencia al bacalao a la vizcaina o en salsa roja, dice (después de recoger la fórmula de Úrsula y Sira Azcaray, del recordado restaurante «El Amparo», donde el tomate no aparece por ningún lado), que una «discusión corriente entre gastrónomos vascos suele ser si en esta salsa puede entrar el tomate. «Entendemos -dice Busca Isusi- que puede hacerlo, a pesar de que la salsa pierda genunidad, aunque siga siendo apetecible».

Otro experto, J.J. Lapitz, en su *Comer en Euskalherria* (1980), dice: «¿Cuál es la verdadera, genuina, primitiva fórmula? ¿No lo saben? Yo tampoco. Repasen libros de cocina vasca..., consulten con los más afamados cocineros... y llegarán a la conclusión de que el bacalao a la vizcaína debe su color rojo a los pimientos choriceros y no al tomate».

Por no hacer esta referencia interminable, debe ser citado Jenaro Pildain, famoso por sus bacalaos, en el Restaurante «Guria», de Bilbao, que en su receta de bacalao a la vizcaina no utiliza tomate, tampoco en las manitas de cerdo a la vizcaina, ni en los morros y, sin embargo hemos visto que lo utiliza en los callos a la vizcaina.

Jesús Santos, del «Goizeko-Kabi», tampoco incorpora el tomate a la salsa vizcaina; Carmelo Gorrotxategui, del Restaurante «Gorrotxa», añade «un poco de tomate sobre el total de salsa roja», y Ángel Lorente, en su receta de bacalao a la vizcaína nunca mencionó el tomate.

Total, seguimos sin acuerdo.

Sin embargo, de esta salsa, reina de todas ellas por su exquisito sabor, finura y color, se puede decir algo que quienes la inventaron seguramente sabían, a la luz de los conocimientos actuales, hecha hoy básicamente con aceite virgen de oliva, pimientos choriceros de primerísima calidad como los que abundan en Gernika y Mungia, y cebolla roja o blanca según los gustos es una salsa que merece un 10 en dietética.

Esta salsa, compendio de virtudes, lleva aceite de oliva, protector del sistema cardiovascular que hace descender las tasas de colesterol sanguíneo y potencia la presencia de colesterol «bueno»; pimientos choriceros, ricos en carotenos o provitamina A y vitamina C, que se presentan como protectores ante algunos tipos de cáncer, presentan abundante cantidad de fibra, no tienen apenas sodio ni ácido úrico, y por el contrario, aportan bastante potasio, mientras la capsaicina, un elemento que se localiza en la piel del pimiento y le confiere el sabor picante, activa la circulación sanguínea.

Por otra parte, la cebolla, rica en vitaminas C, A, grupo B, ácido nicotínico y fibra está indicada por todo ésto como preventiva de ciertos tipos de cánceres, según las últimas noticias de los científicos, ayuda a rebajar el nivel de ácido úrico y de colesterol en sangre y se le atribuyen propiedades vasodilatadoras e hipotensoras y es un alimento que proporciona longevidad.

En resumen, la salsa vizcaína es una salsa que no sólo destaca por sus cualidades gastronómicas, sinó también porque es una verdadera fuente de salud. Eso si, siempre con moderación, como todo.

Disfrute de esta maravilla culinaria vizcaina.

Salsa pil-pil

Unos atribuyen el «florón» de las mejores preparaciones de bacalao a la salsa vizcaina, mientras para otros el pil-pil resulta incomensurable. Cuestión de gustos, aunque la primera tiene mayor nombre internacional y se aplica a numerosos platos.

Los términos pil-pil y «ligado» se confunden con frecuencia, expertos cocineros no distiguen uno de otro, e incluso libros de cocina vasca, que nos merecen todo respeto, terminan su receta de pil-pil dicendo que hay que remover la cazuela para que la salsa resulte espesa.

Y seguramente desde su punto de vista tienen razón, y así lo hacen ellos; el pil-pil pide engordar la salsa, mientras el «ligado» exige espesarla. Seguramente hay una mezcla de términos, pero todo ello, en verdad, carece de menor importancia y es una cuestión de matices.

Hay que hablar de lo que en Bilbao se denomina pil-pil, porque el aceite según la fórmula utilizada llega a «pil-pilear», y para ello hay que utilizar en la receta abundante aceite de oliva, con ajos y guindilla que, una vez caliente, se deja enfriar para colocar los trozos de bacalao con la piel arriba y empezar el rito de la gurpilada.

¿Qué es la gurpilada?, el término está recogido del juego de pelota vasca que indica el efecto que, con la muñeca, se le imprime a la pelota para que tome efecto o malicia. Gurpilada, es por lo tanto, el efecto de mover con la muñeca el bacalao para ligarlo. El sin par Busca Isusi decia que el pil-pil era sin ligar, mientras en la onomatopeya bilbaína, referido a las formas de hacer el bacalao, pil pil era que la salsa quedara espesa en función de la emulsión del aceite, la gelatina del pez, y el agua. Pero todo esto es bastante complicado.

La historia del bacalao profundamente ligado a la cocina vasca y sobre todo a la bizkaína, parte del hecho citado por diversos autores.

Según la historia, corría el año 1836 cuando Gurtubay, importador de bacalao, puso un telegrama a sus proveedores de la siguiente forma: «Envíenme primer barco que toque puerto de Bilbao 100 o 120 bacaladas de primera superior». Pero lo grave para Gurtubay fué que, tomando la letra «O» por un cero, el pedido quedó en 1.000.120, con lo cual nuestro hombre recibió la friolera de un millón ciento veinte bacaladas.

Cuando el pedido llegó al puerto bilbaíno casi cayó en la desesperación, pero duro y emprendedor decidió hacerle frente. Y en ello estaba cuando las tropas del pretendiente don Carlos María Isidro, durante la primera guerra carlista, pusieron cerco a Bilbao; el cargamento de bacalao permitió comer a los bilbainos, contribuyó a popularizar este pescado e hizo a Gurtubay con una de las fortunas mayores de la Villa.

Tan importante fué el tráfico de este pescado que a mediados del siglo XIX la Hacienda española declaró el producto género estanco, prohibiendo su venta libre y regulando su comercio en todo el territorio nacional.

Pero los tiempos cambian, y en la cocina nada está absolutamente acabado, todo está en evolución hasta llegar en cada caso y a través de técnicas diferentes, a resolver un mismo plato.

De ésto da fé el bacalao al pil-pil, una receta vieja, con más de un siglo de vida, que ha conocido muchas cazuelas y cocineros distinguidos. Son tres las formas de elaborar la salsa en situaciones diferentes: los cocineros aficionados de los txokos que mantienen las tajadas de bacalao en el aceite caliente, y luego lo ligan mediante movi-

Las sidrerías, al igual que los txokos, son centros de agradable reunión alrededor de una mesa llena de viandas.

mientos circulares de la cazuela; la gurpilada, donde algunos cocineros artesanos que ofician rápido y bien, cuecen ligeramente las tajadas en una sartén con mucho aceite perfumado con ajos, para sacarlos luego y llevarlos a una cazuela de barro donde van añadiendo el aceite a cuacharadas mientras mueven la cazuela, ligando con rapidez y bien; y un tercer método que ha nacido de la mano sabia de Angel Lorente que en su establecimiento bilbaíno «Club Ranero», de la calle Alameda San Mamés, prepara una emulsión original.

La razón la cuenta él mismo: - «Tras montar mi tienda, a la salida del «Restaurante Bermeo», me encontré con el grave problema de que en el servicio de cazuelas de bacalao al pil-pil, cuando los clientes calentaban las cazuelas en sus domicilios, el pil-pil se descomponía y quedaba líquido. La solución: acentuar la gelatina y mezclarla bien, capaz de soportar ligada cualquier hervor».

La técnica consiste en cocer las pieles, la espina central y otros despojos del bacalao, con muy poca agua, hasta conseguir que suelte la gelatina y quede un caldo espeso.

Por otro, se pone abundante aceite con ajos hasta que se doren; una vez dorados éstos, se reservan y se incorporan las tajadas de bacalao con la piel hacia arriba, se apaga el fuego, y dejar hacer sin que llegue a borbotear. Luego se añade, con un cazo, la gelatina con el aceite donde se ha cocido el pescado, y se bate con una batidora eléctrica hasta obtener una emulsión al gusto.

En la cocina bizkaína, muy aficionada al sabor del ajo, se suele añadir algún diente de ajo pochado, o un poco de aceite si gusta que la salsa pil-pil aparezca más brillante. Para terminar, se ponen en una cazuela de barro las tajadas de bacalao y se cubren con la salsa, se calienta al gusto sin que surja ningún problema de rotura del ligado, hasta que el bacalao se integre en la salsa y viceversa, cuidando siempre de no pasarse en esta fase final porque las tajadas pueden secarse y quedar estropajosas.

Este pil-pil, resulta menos aceitoso, el sabor del bacalo se resalta, y el plato alcanza una gelatinosidad extraordinaria.

Genial, una receta para el año 2000 en que muchos se llevan la cazuela a casa.

Sardinas, las de Santurce

Las sardinas están profundamente ligadas a la cultura y gastronomía vascas, y sobre todo frescas gozan de la mayor devoción entre los gastrónomos vizcaínos.

Las sardinas, asadas sobre brasas tal y como se hacen en Santurce, han sobrepasado los límites de la cocina para entrar de lleno en el folklore.

Aquellos entrañables personajes, las sardineras, que con los pies descalzos, en la cabeza el «sorqui», y portando encima un cesto de sardinas bien mezcladas con sal gorda, hacían el recorrido andando desde Santurce a Bilbao, y contribuyeron a la pequeña historia de finales de siglo pasado, hasta que abandonaron su duro caminar y lo hicieron en el tranvía de caballos de Las Arenas, luego en el eléctrico, y finalmente llegaron a la Villa en un departamento especial del ferrocarril Bilbao-Santurce.

Tanta importancia dió Bilbao a las sardineras de la época, que el Ayuntamiento de Bilbao llegó a celebrar en 1930 en la Plaza Nueva un «Concurso de Pregones de la Sardinera». Hace algo más de 25 años, el escultor Lucarini cinceló para Santurce una airosa sardinera «con la falda remangada», como manda la canción, en homenaje a la musa popular.

Sea como fuere, lo cierto es que la sardina es un riquísimo pescado que se consume de junio a noviembre, aunque las Fiestas del Carmen marcan el punto culminante, que para algunos va de la Virgen del Carmen, el 16 de julio, a la Asunción, el 15 de agosto, porque es entonces cuando aumenta la temperatura de las aguas superficiales, el plancton se hace más abundante, y estos peces de tremenda voracidad acumulan grasa debajo de la epidermis mejorando así su sabor.

La sardina en el estío, en plena sazón, es «esa cosa» suculenta que se come con los dedos, pringa las manos e impregna de olor todo lo que está próximo, guardando de ellas un excelente recuerdo gastronómico y aromático.

Raro es el vasco que no ha comido sardinas asadas en Santurce, de la experta mano de Currito o de otros asadores, preparadas sobre brasas de sarmiento, encina o roble, no muy incandescentes, y simplemente aderezadas con sal ya presentan su carne sabrosa.

El bacalao, siempre ligado a la cocina vasca

Este pescado blanco, de gran tamaño, está profundamente ligado a la historia y a la cocina vasca.

Es el gádido de mayor importancia económica, vive en aguas frías del Atlántico Norte y sobre todo en Islandia, Terranova y Noruega. El bacalao (*Gadus morrhua*) se consume actualmente fresco debido a los adelantos de la cadena del frío, pero la gastronomía rinde culto al «makailu» o «makailo», expresiones que para algunos se relacionan con nuestra lengua vasca, que se presenta seco, salado, desprovisto de espina central y abierto por la parte ventral, auténtica «momia de pez» de apariencia correosa y poco apetecible que tiene en la buena mano del cocinero, la calidad del producto, y en el correcto desalado, su éxito final.

A lo largo de los siglos ha sido muy apreciado y consumido por todos los pueblos y sobre todo por los católicos que respetan la abstinencia de comer carne los días de Cuaresma.

Es uno de los peces más fértiles que pone en primavera entre 500.000 y 7 millones de huevos transparentes, que a los seis meses miden 6 cm. y buscan el fondo del mar; maduran entre 8 y 12 años, y llegan a vivir unos 20 o 25 años alcanzando más de 15 kilos de peso. Es omnívoro, se alimenta de moluscos, cangrejos, gusanos e incluso de otros peces, sobre todo durante la primavera, mientras que en el invierno apenas ingiere comida.

Desde el punto de vista nutritivo, el bacalao fresco es un pescado magro con un porcentaje del 18 al 26% de proteínas según las épocas, del 1 al 3% de grasa, apenas contiene hidratos de carbono.

Con todo ello resulta un alimento excelente de carácter plástico; proporciona además, calcio, hierro y fósforo y apreciables cantidades de vitaminas A, D, B_1, B_2. Su hígado es muy rico en vitaminas A y D que se toman en forma de aceite como medicina.

Hay que recordar que este pescado, salvo algunas recetas muy concretas de asados o emparrillados, se prepara con salsas ricas en grasas que aumentan notablemente su valor calórico, dificultan su digestión y pueden ocasionar problemas a las personas obesas.

El valor alimenticio del bacalao se multiplica por tres cuando se presenta curado. Aporta en fresco unas 80 calorías y salado 250 calorías por cada 100 gramos de producto.

Es bien conocido en sus formas pero cuando está seco y troceado se puede confundir con el eglefino, que presenta una mancha negra sombreada a la altura de la aleta pectoral, y la línea negra lateral que recorre su lomo, que en el bacalao es blanca, y también con la molva o la maruca de similares características, aunque el rendimiento culinario de éstos es inferior.

Reglas de oro para los platos de la cocina vasca

El buen bacalao será de carne blanca y con fibra corta, flexible y sin agrupaciones de sal endurecida. Cuando se presenta con la carne dura, es indicio de vejez o de mala conservación.

El lomo debe ser oscuro y el vientre y los flancos o paredes abdominales blancas y delgadas. Los ejemplares amarillentos, con tonalidades rosadas o de color pardo achocolatado, mejor olvidarlos porque harán un pésimo papel en la cazuela.

Se vende entero, troceado y desmigado, también se puede comprar envasado y en tiendas especializadas lo ofrecen remojado y listo para cocinar. El lomo resulta bueno para freir y guisar con salsas que no precisan espesarse, la zona ventral, plana y rica en gelatina es adecuada para las cocinar con salsas como a la vizcaina o al pil-pil, y el desmigado va bien para hacer ajoarriero, croquetas, buñuelos, sopas y potajes.

El bacalao de calidad y bien sangrado, debe ser traslúcido cuando ponemos la pieza frente a una bombilla, y debe pesar alrededor de 1 3/4 o 2 kilos para obtener un buen rendimiento gastronómico.

Cuando se conserva en un ambiente húmedo parece que rezuma o que suelta humedad, lo que debe tenerse en cuenta en el momento de la compra porque es una mala cualidad de la pieza que desluce totalmente su calidad.

Durante su preparación culinaria, el bacalao al pil-pil precisa del trabajo delicado y magistral de la muñeca del cocinero o «gurpilada», que no es otra cosa que mover la cazuela de barro, hasta que la gelatina, el aceite de oliva y el agua, hayan ligado.

La carne del pescado salado cuando no es apta para el consumo, ha perdido su consistencia firme, es blanda y grasienta al tacto y tiene, generalmente, un color oscuro.

La operación de extraer al bacalao toda su sal y convertir ese «pez fósil» o «palo seco», en un pescado fresco y jugoso, compone un capítulo muy importante de su cocina.

En primer lugar, los trozos deben pasarse por el chorro de agua fría, para que pierdan su costra de sal. En cualquier caso, lo recomendable es que el volúmen de agua sea doble que la cantidad de bacalao.

Partir la bacalada por la mitad, desechar la cola y la parte superior de la ijada para realizar otras preparaciones, y partir los trozos del tamaño que se servirán a los comensales.

Ponerlo a remojar en agua fría durante un tiempo que oscile entre las 24 y las 32 horas. Cambiando el agua cada 8 horas y después desescamarlo.

Del vientre proceden las tajadas más finas, las que precisamente contienen toda la gelatina; son las mejores para el pil-pil y el «Club Ranero», platos típicos de la culinaria vasca cuya salsa se hace sólo con aceite, ajos y los jugos del bacalao, imprimiendo a la cazuela en cada caso un movimiento de rotación, operación que se ha llamado «gurpilada».

Las tajadas del lomo, gruesas y carnosas, sirven para el resto de las recetas si bien requieren un tiempo superior de estancia en el agua para su desalado.

Para llevar a cabo la fase final de «templado», indicada en algunas fórmulas, se introducen las tajadas en una cazuela con agua y se coloca el recipiente a fuego lento hasta que, sin llegar a hervir, se observe en la superficie la formación de una espumilla. El bacalao se retira y entonces ya está listo para cocinar.

Una vez desalado el bacalao se puede freir, desmigar, o cocinar en trozos como si fuera un pescado fresco, empleándose también para la confección de croquetas y albondigas.

Queso Idiazabal, para disfrutar

Patrimonio Vasco, viejo como nuestra civilización.

El queso con la Denominación de Origen Idiazabal, que ya fué elegido Patrimonio Culinario Europeo, fué premiado en 1995 con el Diploma de Oro en el II Encuentro Gastronómico Internacional celebrado en la ciudad italiana de Parma.

El Jurado que otrogó el galardón al queso Idiazabal estuvo formado por representates de diferentes Academias de Gastronomía europeas, que degustaron un total de 52 quesos previamente seleccionados en 15 países europeos, todo ello bajo los auspicios de la Academia Internacional de Gastronomía.

Con esta distinción, el queso Idiazabal, patrimonio gastronómico vasco, se sitúa en la categoría de otros quesos con diplomas de oro como el Gruyère, Roquefort, Gorgonzola, Stilton o el Reblochon.

Este reconocimiento, se produjo precisamente en el momento en que los Gobier-

La gran calidad de las carnes autóctonas hace que los asados a la parrilla sean el estandarte de la cocina vasca.

nos Vasco y Navarro decidieron unir bajo una sola denominación de origen dos quesos emblemáticos hechos con leche de oveja latxa, el de Urbasa y el Idiazabal.

Es tan viejo como nuestra civilización, aún cuando entonces no se llamaba todavía Idiazabal y era tan sólo un queso elaborado con leche de oveja.

Se atribuye la invención del queso a un mercader árabe, quien con vistas a un viaje decidió almacenar leche en odres hechos con estómagos de cordero. Cual sería su asombro al comprobar, poco tiempo después, que el líquido blanco había desaparecido y en su lugar, estaba una masa semisólida y un líquido ambarino. Este hecho, se ha repetido a lo largo de los siglos y para la humanidad fue un gran descubrimiento: había nacido el queso, al unirse la leche y el cuajo presente en el cuajar de los corderos.

En mayo, transcurrido ya el invierno y con los rebaños en los valles, los pastores vascos se echan al monte y los rebaños de ovejas comenzarán sus avances lentos hacia las alturas de las montañas.

Acabó el invierno y la primavera comienza a asomar con todo su colorido; atrás queda la etapa más cruda del año, el invierno frío y húmedo vivido en los valles, a partir de entonces la hierba crecerá más verde y los corderos que han nacido en febrero y marzo, comienzan a tomar sus primeros contactos con las praderas.

En este paisaje idílico, que se ha repetido a lo largo de siglos, el pastoreo tiene dos finalidades económicas básicas: obtener leche para fabricar queso, y hacer que los corderos lechales con menos de un mes de vida y mamando todavía, lleguen a los mercados como carne.

La leche obtenida en esta época se

transporta a los centros de recogida y elaboración, donde se hace el queso Idiazabal, que saldrá al mercado básicamente en otoño, pero utilizando siempre leche de ovejas latxas y carranzanas.

El queso Idiazabal está hecho con leche pura y cruda, de pasta prensada pero no cocida, con una maduración mínima de tres meses -las normas sanitarias obligan a que la curación se haga durante dos meses como mínimo- y cumple dos características básicas de calidad: su extracto seco no debe ser inferior al 60% y la materia grasa mínima sobre extracto seco debe alcanzar el 45%; y sanitariamente, estará libre de gérmenes patógenos del tipo *coli*, *salmonella* o *brucella*.

La Denominación de Origen Idiazabal representa el control que tienen los productores sobre el producto final y garantiza a los consumidores la calidad comercial y sanitaria, y la banda que cruza la pieza de queso, de color rojo y azul, garantiza todo el proceso hasta el consumidor.

El queso vasco contiene un 30% de proteínas, más que la carne y el pescado, en forma de aminoácidos que bajo la influencia de una serie de enzimas, confieren al producto final su textura y sabor. De hecho y como consecuencia de esta «autodigestión», las proteínas se absorben facilmente.

Las grasas condicionan la untuosidad y palatabilidad o sabor del queso, y durante la curación, bajo la influencia de lipasas microbianas, se forman ácidos grasos libres, algunos volátiles, que intervienen en la formación del aroma característico.

Durante el proceso de curación y por acción de las lipasas, se producen transformaciones con formación de ácidos grasos libres que intervienen muy directamente en la formación del aroma.

Los lípidos o grasas de la leche (triglicéridos, fosfoglicéridos, etc.) se encuentran emulsionados, lo que ayuda a su mejor digestión. Aroma y digestibilidad son dos de las cualidades más destacadas de este queso. El Idiazabal es una excelente fuente de calcio en cantidades que rondan los mil miligramos por cada 100 gramos, y al igual que el calcio de la leche, el calcio de los quesos es bien asimilado por el organismo humano debido a las proporciones relativas de calcio y fósforo que aporta y a la presencia simultánea de proteínas que favorecen la absorción intestinal.

El calcio es un factor esencial, aumentando sus necesidades con la edad.

Una buena tasa de calcio en el cuerpo (y mejor durante toda la vida) permite tener un buen capital óseo. Así, se ha constatado que las mujeres, en general, consumen menos de 500 miligramos de calcio diarios, lo que es insuficiente.

Según los expertos, una dieta rica en calcio y el ejercicio físico son las medidas más efectivas de que disponen las mujeres para enfrentarse a la osteoporosis en la menopausia, a pesar de que muchas de ellas recurren a tratamientos hormonales, que sólo deben prescribirse en casos muy concretos, lo que origina que en España, donde hay tres millones de afectados por la osteoporosis, se gasten más de cien mil millones de pesetas en prevenirla.

El queso de Idiazabal, muy rico en calcio es recomendable como alimento diario para prevenir la osteoporosis, tiene la virtud de que se tolera bien, como el yogur, cuando hay personas que no digieren bien la leche, y a estos efectos, se pueden hacer las siguientes equivalencias alimenticias:

–Para 30 g diarios de consumo recomendado:

• 30 g de queso Idiazabal = 250 ml de leche

- 30 g de queso Idiazabal = 2 yogures
- 30 g de queso Idiazabal = 200 g de queso tipo Burgos
- 30 g de queso Idiazabal = 5 petit suisses

El queso Idiazabal no es un queso barato, y se podrá regatear el precio de un queso donde existen algunos que se venden a 800 pesetas el kilo..., pero sus cualidades intrínsecas de alimento rico en diversos componentes, y sobre todo calcio, y el paladar a la hora de saborearlo, son definitivos y no merecen discusión.

Nuestro queso, reconocido en toda Europa, es uno de los mejores.

Curiosidades sobre el Idiazabal

El queso Idiazabal se elabora con leche pura de oveja, sin ninguna transformación previa, ésta se se calienta suavemente hasta alcanzar los 30 °C, se le añade cuajo triturado y sal, hasta que por los efectos del calor se transforma en un gel elástico que se corta con una lira, se prensa y somete a maduración a 10 °C con una humedad controlada del 90%.

Los quesos suaves, de media curación, tienen entre tres y seis meses, y los fuertes y curados entre siete y doce meses.

El ahumado tiene por finalidad darle un sabor característico, pero cada vez se hace menos porque los gustos del consumidor se inclinan hacia un queso más suave, untuoso y poco fuerte.

El color de la corteza oscila entre el color marrón blanquecino con manchas irregulares producidas por los mohos, hasta un marrón oscuro en el caso de los ahumados.

El corte debe hacerse siempre en láminas que se degustan contra el paladar y las papilas de la boca, y nunca cortarlo en tacos, lo mismo que se debe hacer con un buen jamón.

Los txokos, tradición y cultura gastronómica de un pueblo

Al hablar de comer, tenemos que hacer una referencia obligada a nuestros txokos, que en Guipuzkoa son conocidos como Sociedades Gastronómicas.

En Bizkaia nacieron al amparo de las costumbres británicas de finales del siglo XIX y de su influencia en la sociedad bilbaína de la época, que tenía intensas imbricaciones financieras e industriales en el deporte y en el ocio con las islas.

Fueron en sus comienzos un fiel reflejo de la sociedad de la época que mantenía un fuerte espíritu de clase, y constituían reductos de la alta burgesía de difícil acceso para otras clases menos significadas.

En los comienzos de las sociedades, éstas se reunían en bares, cafeterías y hoteles, y mientras tanto, de forma simultánea, en los barrios surgieron grupos de amigos que, de forma sencilla, olvidaban sus problemas en tascas y tabernas, junto a un buen vaso de vino de Rioja y la merienda, acompañados de una partida de cartas, antes de regresar al hogar. Fueron el embrión centenario y precursor de los actuales txokos que tienen un significado fundamental de amistad, no elitista y gastronómico.

Pero, ¿cómo son nuestros txokos?

La explicación es simple, un grupo de amigos, generalmente con gustos afines, funda la tertulia o txoko, alquilando o comprando un local donde poder reunirse. El denominador común es la charla, la tolerancia y el respeto, unido todo ello por la afición a comer y beber bien, con la ventaja de que reunirse en su propia tertulia supone que el horario de cierre del local es libre, las consumiciones son más o menos económicas, no hay agobios de ninguna clase, y el que sepa y le guste puede dar rienda suelta a su imaginación y buen saber en la realización de platos de nuestra excelsa gastronomía, la cocina hecha con amor. Así, ha nacido un txoko.

Cualquier edad es buena para pertenecer a un txoko aunque generalmente los txokos están formados por socios de mediana edad. Aunque la juventud tuvo una época de alejamiento de los txokos, en la década de los ochenta retomaron las costumbres ancestrales y forman ya una parte integrada totalmente en los mismos, quizá como expresión de la desilusión social y como forma de poder reunirse sin condicionantes previos de ninguna clase.

Por lo general, el hombre acude al txoko con regularidad variable a lo largo de toda su vida, y de acuerdo con su situación familiar del momento: lo frecuenta asiduamente de soltero; el matrimonio y los hijos le retienen más en casa durante los primeros años; cuando los hijos ya son mayores, acuden a la tertulia al principio con el padre y luego con sus propios amigos, y en la última etapa de su vida, una vez jubilado, dedica mucho tiempo al txoko mientras juega una partida y bebe un vaso de buen vino.

Una singularidad de los txokos es que, generalmente, las mujeres no pueden acudir a los mismos excepto en días y horas concretas, y en otros casos, no tienen ni tan siquiera acceso directo a la cocina.

Seguramente, en sus orígenes los txokos eran la única forma que tenían los hombres de escapar de sus casas, donde una mujer fuerte y dominante, acostumbrada a mandar en la familia, «obligó» al marido a liberarse de la presión del yugo matriarcal de alguna forma, y así comenzó a cenar algunos días fuera de casa con los amigos, alardeando de sus conocimientos culinarios.

Casi siempre, hombres que cocinaban en el txoko no lo hacían habitualmente en su propio domicilio. Luego, en muchos casos y para nosotros con mayor acierto, se evolucionó hasta permitir que las mujeres entraran en fechas señaladas, las tardes, los sábados y domingos, y hoy algunos txokos incluso han prescindido totalmente del veto femenino admitiendo a las mujeres sin limitación de días y horas, aunque eso sí, salvo en lo referente a la cocina, que es «cosa de hombres».

Así, para muchas mujeres acudir al txoko es una forma de tertulia excelente porque se limitan a comer o cenar lo que preparan sus maridos o amigos sin tener ninguna otra obligación.

¿Cuál es la actividad principal de los txokos?. Son templos de gastronomía, en torno a los cuales se crean la cocina, la despensa y la bodega como símbolos clásicos del txoko, donde hay de todo y bueno, cualquier socio puede retirar lo que deja y cocinarlo, y una vez consumido hará la cuenta depositando el dinero en el buzón correspondiente.

Son pues, un perfecto autoservicio y una muestra de mutua confianza que constituyen el denominador común. ¿Se hace una cocina diferente entre los txokos y los hogares o los restaurantes?. Nosotros creemos que sí; los txokos son la quintaesencia de la cocina vasca tradicional, basada en productos de primera calidad y de temporada, los asados, los guisados y las salsas.

Se hace una cocina paciente -en casa generalmente no es posible- de ricos preparados de alubias; merluza en salsa verde; porrusalda; bakalao en sus diferentes formas, al pil-pil, a la vizcaina, al Club Ranero; marmitako, angulas a la bilbaína; chuletones o Villagodios asados, guisotes de carne; etc., las delicias de nuestra cocina, donde hay una base común: los productos saben a lo que son, es decir, se ela-

Los txokos representan la tradición y la cultura gastronómica del pueblo vasco.

boran con sencillez y gusto. Y siempre se acompañan con un buen vino de La Rioja, que los txokolaris adquieren por cántaras y luego embotellan para uso y satisfacción del paladar, o de un buen txakolí.

Son además, el escape de la tensión diaria del trabajo, la liberación que necesitan la mente y el cuerpo en muchos casos, e incluso con frecuencia mantienen actividades culturales, deportivas o colaboran en festejos recreativos populares.

Merluzas, las de Bermeo

Los pescados han sido siempre el eje de la cocina vasca, y entre ellos hay que resaltar la gran importancia que tiene la merluza, perteneciente a la familia de los gádidos, al igual que el bakalao, destacando ambos como piezas importantes en nuestra culinaria.

El mercado, debido a que los pesqueros faenan en lugares muy lejanos, presenta en nuestras cocinas merluzas frescas o congeladas de Mauritania, Angola, Senegal o Sudamérica, de buena calidad pero con diferencias apreciables para el paladar si la comparamos con la fresca de arrastre y aún más con la merluza de anzuelo.

La merluza de arrastre es la refrigerada que se pesca en los caladeros del Gran Sol o en las costas francesas del Golfo de Vizcaya, en turnos de pesca de dos o tres semanas, lo que origina que cuando la merluza llega a los consumidores ya haya sido pescada hace 20 o 25 días. Estas merluzas son de buena calidad, pero ésta también depende de las condiciones en las que se produjo la pesca, ya que las merluzas pescadas por métodos de arrastre se desangran poco a poco después de ser capturadas y se golpean y aplastan entre ellas al ser almacenadas en los barcos, condiciones que influyen negativamente en la calidad de la carne de este pez, extremadamente delicada.

Pero vamos a referirnos aquí a la merluza de anzuelo o pincho, que nuestros arrantzales de Bermeo pescan en los caladeros que distan a diez o doce millas del puerto. Es la llamada merluza de Bermeo o de Hondarribia, de escamas negras, con carnes exquisitas, que resulta un capicho gastronómico que sólo llega a unos pocos, que seguramente dirán: «mientras dure...».

Se trata de ejemplares de grandes proporciones, de peso superior a los tres kilos, y que si son de menor tamaño se llaman «terciada», «pescadilla» o «carioca», y que los arrantzales denominan «lebatza», «legatza» y «leba» según su peso.

La merluza es un plato que se puede disfrutar durante todo el año, aunque en mayo está en plena puesta y desove lo que afecta a su calidad, ofreciéndonos entonces un pescado de carnes más secas.

Algunos ictiólogos como Lotina explican el fenómeno de que las merluzas de Bermeo, pescadas al pincho, no tienen generalmente en sus estómagos restos de otros pescados como anchoas, sardinas, gambas, jibiones, etc., hecho éste que contribuye a su mejor calidad ya que no tienen cuerpos que pudieran estropearse fácilmente dentro de ellas una vez capturadas.

Nuestros arrantzales creían que era debido a que sorbían sus presas, pero la explicación científica explica como la merluza digiere a sus presas con gran rapidez, y que incluso las vomita si se ve en peligro para poder huir mejor.

También puede suceder, nos explica, que cuando se dirige a la plataforma continental para desovar, se produce un aumento del tamaño de sus órganos genitales y se produce una atrofia del estómago, lo que confirmaría el fenómeno curioso del vacío de sus estómagos.

La merluza de Bermeo es una joya a la que esperan siempre con ansia los aficionados y algunos restaurantes privilegiados. Algo así como «comprarla en la joyería».

La modalidad de pesca de anzuelo o pincho la realizan los pequeños barcos de bajura, cuya salida y regreso a tierra es diario, teniendo la pita o línea cogida en la mano, a la espera de que pique la merluza y pueda ser izada a bordo. Pero ahora se ha sustituído el brazo humano por la caña, de tal modo que cada barco lleva varias cañas, seis u ocho, y en cada aparejo se disponen catorce anzuelos. Esta modalidad de pesca es totalmente artesanal, se pesca poco, pero siempre de muy buena calidad.

La pesca de la merluza de pincho o de caña como también se le llama, hace referencia al anzuelo, y aunque el palangre también lo utiliza, la calidad es muy distinta en uno y otro caso, porque la merluza de palangre puede quedar bastante tiempo en el agua antes de ser izada a bordo, y el pez se «ahoga», por extraño que parezca.

En este caso es una merluza de muy buena calidad, pero no tanto como la de pincho, que es pescada e izada inmediatamente, es por esto que a veces se intente pasar la merluza de palangre como merluza de anzuelo, aunque los expertos no se llamen a engaño.

Para evitar este engaño al consumidor, se ha propuesto que la merluza de anzuelo lleve un distintivo que la diferencie e identifique.

La merluza tiene múltiples aplicaciones en la cocina vasca, debido a la textura de su carne que no es tan compacta ni tiene el sabor tan marcado como la de los pescados de roca, es aconsejable utilizar salsas suaves y cocciones en fritura o al horno.

La merluza se puede presentar de varias formas: albardada, de dos o tres dedos de grosor aplastada en la harina y rebozada en huevo con sal, que en algunos viejos santuarios de la gastronomía bilbaína como «El Amparo», en la calle de la Concepción, después de preparada se depositaba sobre papel de estraza para que perdiera la grasa y luego se servía en una fuente con trozos de limón (aunque para algunos furibundos sobra el limón si se trata de merluza de gran calidad porque, dicen, altera su sabor).

En salsa verde, en una cazuela de barro como manda la tradición, con ajo y perejil, movida hasta que se forma una salsa espesa, que es la auténtica salsa verde y las tajadas presentan un color blanquecino listo para servir (aunque esta receta está muy divulgada de formas diversas con almejas, espárragos, guisantes, huevo duro, etc. y se la denomina también a la vasca o a la koskera).

El cogote asado a la parrilla, hecho lentamente y puesto del lado de la piel y de la carne el tiempo suficiente y preciso para cogerle el punto (es importante porque la parte central del cogote tiene el doble de grosor que las laterales) servida luego según el aderezo de cada artesano.

La merluza con kokotxas y almejas en salsa verde que actualmente se presenta con lomos de merluza.

Merluza con algas, nata líquida y mantequilla, dentro de la más exquisita nueva cocina de acuerdo con la fórmula de Arzak.

Simplemente cocida aunque los vascos no somos muy aficionados a esta clase de preparación.

Las kokotxas, que forman la región gular entre las barbillas del maxilar inferior; en salsa verde, albardadas o acompañando a otros platos.

Las tripollas, que son las tripas fresquísimas de la merluza, lavadas cuidadosamente y enharinadas al igual que la merluza.

Las huevas de merluza o arrabak, preparadas con cebolla, pimentón y guindilla.

Reconociendo que el protagonismo de la merluza también está presente en otras preparaciones regionales como la merluza a la sidra de Asturias o a la gallega con cachelos y ajadas.

La merluza de anzuelo pasa por los arrantzales de Bermeo, ciudad de antiguos balleneros que cuenta hoy con una de las más importantes flotas pesqueras del Cantábrico, por la torre de Ercilla a cuyos pies arriban las embarcaciones, y por otro histórico monumento que es la Iglesia «juradera» de Santa Eufemia, algo así como la bendición final a la calidad confirmada.

Entrantes

Menestra de verduras *(página 47)*

Arroz con mejillones

El arroz es el segundo cereal más cultivado en el mundo y constituye la base de la alimentación en los países del Extremo Oriente, donde se le venera como fetiche, fuente de vida, y cuando comen arroz (a veces es el plato único) «van a comer» simplemente. Es el sustento diario.

El arroz, despues de la tapioca (almidón de mandioca), es el más digestivo de los cereales y el mejor tolerado, con la única condición de que se mastique bien.

Se come preferentemente hervido con abudante agua, o sofrito para luego cocerlo en una cantidad justa de agua (dos partes de agua por cada una de arroz blanco).

Aún cuando existen diversos tipos de arroces y varios tratamientos, los arroces de grano medio o corto y redondo resultan los más indicados para cocinar y tienen una mayor aceptación en nuestras costumbres, por absorber más agua en la cocción e impregnarse mejor del sabor del conjunto.

Por otra parte, **los mejillones** son unos moluscos de la familia de los Mitílidos, integrada en la clase de los bivalvos, cuya concha está formada por dos valvas oscuras, mientras que su voluminoso cuerpo tiene una coloración amarillo-anaranjada, más o menos rojiza.

Los microorganismos suspendidos en el agua constituyen su alimento, filtrando hasta 9 litros de agua por hora, por lo que debemos preocuparnos de que los mejillones estén depurados antes de comerlos.

VALORACIÓN NUTRITIVA

El arroz es un alimento muy digestivo, buena fuente de hidratos de carbono (86%), destacando especialmente la presencia de almidón, de asimilación lenta. El arroz es un poco bajo en proteínas, no tiene apenas grasas, calcio ni fósforo, y su contenido en vitaminas depende en gran medida del tratamiento a que sea sometido.

Aporta unas 350 calorias por cada 100 gramos y es muy recomendable para los regímenes hiposodados por tratarse de uno de los alimentos más pobres en sodio (la sexta parte que el trigo o el maiz), a la vez es apto para dietas sin gluten, para dispépticos porque apenas fermenta el almidón que contiene, y resulta un popular antidiarreíco. Está muy indicado como alimento para todos.

Los mejillones conjuntan un plato barato y nutritivo, apenas contienen grasa y azúcares, con un 12% de proteínas de gran valor biológico, sin que contengan apenas fibra. Son muy aconsejables por sus vitaminas y minerales, pero por otra parte son ricos en purinas (ácido úrico) por lo que se debe limitar su consumo por parte de aquellas personas que tengan elevados niveles de ácido úrico o que padezcan de gota.

Arroz con mejillones

Ingredientes: (Para 4 personas)

800 gramos de mejillones de tamaño mediano
4 tazas de café de arroz
10 tazas de agua o fumet de pescado
3 dientes de ajo
Aceite
Sal

Se pone en una cazuela de barro aceite y se lleva al fuego. Cuando el aceite esté caliente, se ponen los mejillones y cuando comiencen a abrirse por efecto del calor, se van sacando a una fuente y se reservan.

En esa misma cazuela se pone el ajo muy picado, cuando empiece a tomar color le añadimos el arroz, rehogamos todo y le añadimos el agua caliente y la sal.

Cuando empiece a hervir se baja el fuego y a media cocción se le añaden los mejillones, dejando que cueza todo junto unos 20 minutos.

Pasado este tiempo retiramos la cazuela del fuego, la tapamos y dejamos reposar todo unos minutos antes de llevarlo a la mesa.

Chorizo casero cocido

El chorizo es un embutido curado que se prepara a partir de carne cruda, generalmente de cerdo, mezclada con grasas, especias y aditivos autorizados, que se presenta en una envoltura de tripa natural o artificial.

El empleo del pimentón dá una presencia y personalidad mundial a este embutido que se elabora con una textura de picado grueso como en la mayoría de los chorizos del país, o en un picado fino cuyo representante más genuino es el chorizo de Pamplona.

El caracter de chorizo casero o artesano proviene de la utilización de productos del cerdo procedentes de la matanza domiciliaria, aunque en la práctica esta denominación la utilizan los industriales para presentar un tipo de chorizo bien elaborado, gustoso y de calidad.

Este plato es extraordinariamente sencillo y su esencia consiste simplemente en la cocción de un buen embutido en agua con bastante vino blanco.

VALORACIÓN NUTRITIVA

El chorizo es un alimento gustoso y sabroso, muy rico en proteínas y grasas de origen animal, que apenas contiene carbohidratos, no presenta nada de fibra, y tiene una gran cantidad de calorías.

Es un buen aperitivo y un singular relleno para un buen bocadillo.

Es estupendo para los más jóvenes.

Chorizo casero cocido

Ingredientes:
(Para 4 personas)

4 chorizos caseros

1/2 litro de vino blanco

1/4 de litro de agua

Poner al fuego un puchero con el vino y el agua, y cuando esté templado incorporar los chorizos.

Dejar cocer alrededor de 15 o 20 minutos y comprobar el punto de cocción.

Cuando estén cocidos, sacar los chorizos del puchero y servirlos muy calientes partidos por la mitad.

Cocido de alubias

La gran afición de los vascos a comer alubias en invierno, ha sido asumida por los restaurantes de categoría que han conseguido que las alubias rojas de Gernika y Tolosa alcancen en el mercado precios muy elevados.

Las alubias pueden guisarse viudas o en ensalada, es decir, simplemente con cebolla, tomate, pimiento, y alguna que otra

Pisto a la bilbaína *(página 52)*

verdura tradicional y al gusto, o con todos los «sacramentos», acompañadas de los productos de la matanza del cerdo (tocino de veta, chorizo, morcilla y costilla) y con la berza cocida y servida aparte.

VALORACIÓN NUTRITIVA

Las alubias constituyen un plato para organismos sanos. Su alto contenido en féculas que las hace de digestión dificil y pesada y hace además que generen gran cantidad de gases intestinales.

Los «sacramentos» que acompañan a las alubias en este plato, son todo proteínas y grasas, por lo que conviene ser comedido en su degustación.

Tienen una acción ligeramente laxante por la celulosa y el magnesio que contienen.

Las personas que tienen problemas circulatorios, diabetes, obesidad, etc, deben ser cuidadosas ante este cocido de alubias.

Cocido de alubias

Ingredientes: (Para 4 personas)

500 gramos de alubias
200 gramos de costilla
2 chorizos
100 gramos de tocino
1 morcilla
1 cebolla
2 dientes de ajo

Se dejan en remojo las alubias desde la víspera hasta el momento de cocinar.

Ponemos en un puchero (mejor de barro) las alubias, la cebolla, los ajos (muy picados), la costilla y el chorizo, lo cubrimos todo con agua fría y dejamos que cuezan muy suavemente, durante la cocción iremos añadiendo poco a poco algo de agua, siempre fría, cuando se necesite.

Cuando las alubias estén medio hechas, le añadimos el tocino, mientras que la morcilla la coceremos aparte.

Cuando las alubias ya estén hechas, con el caldo gordo, sacaremos a una fuente la costilla, el chorizo, el tocino y la morcilla, y serviremos las alubias en otra fuente.

Coliflor con bechamel

No sería exagerado proclamar a **la coliflor** como la reina de las coles, sobre todo si consideramos que la naturaleza la ha hecho «bonita y buena», en comparación con la pobreza de sus parientes próximos de la familia de las crucíferas (berza lisa y rizada, lombarda, col de Bruselas y col china), aunque son muchos los botánicos que insisten en que la coliflor no es una variedad de col común, sinó que se trata de una especie distinta traída en épocas lejanas de Oriente, de donde debe ser originaria.

Esta variedad de berza produce un sólo tallo que tiene una inflorescencia grande, hinchada y redondeada, que está constituída por un conjunto de yemas florales no desarrolladas, blancas o de color blanco cremoso, que va envuelta por hojas grandes de color verde ceniciento, a modo de protección.

En horticultura existen diferentes variedades de verano y otoño, las de verano llamadas coliflores y las de otoño, verdes o moradas, llamadas brécoles o brócolis.

Esta hortaliza se consume habitualmente

cocida y al cocerse desprende un fuerte olor a azufre, lo que hace que en muchas casas no sea demasiado apreciada.

Se aliña con aceite crudo y vinagre, aceite frito con ajos, o se puede servir en una salsa de bechamel con queso rallado y gratinada.

Se hacen también con ella encurtidos, que no son otra cosa que placer para los aficionados al vinagre.

La bechamel es una salsa blanca conocida con el nombre de su famoso inventor el Marqués de Bechamel, que se hace con harina tostada, mantequilla y leche, y podemos sazonarla y especiarla a nuestro gusto.

VALORACIÓN NUTRITIVA

La coliflor es por sí sola un delicado manjar, que sobresale además, por sus cualidades dietéticas. Contiene más del 90% de agua, unas pocas proteínas y glúcidos, el 1% de cenizas, sin grasas, tiene vitaminas A, B y C, clorofila, carotenos, esencias sulfuradas, principios antibióticos, y sales minerales (iodo, azufre, potasio), que hacen de este vegetal, y de todos los de su familia, uno de los más importantes en el mundo de la alimentación sana.

Actualmente, existe todo un mundo de investigación detrás de sus compuestos sulfurados, que según los cientificos, algo tienen que ver con la prevención de ciertos tipos de cáncer.

Su contenido en colesterol es cero y la presencia de ácido urico es prácticamente nula, aportando apenas 22 calorias por cada 100 gramos de alimento.

La bechamel aporta con la mantequilla grasas saturadas por lo que deben cuidarse las personas con tasas elevadas de lípidos en la sangre.

Coliflor con bechamel

Ingredientes: (Para 4 personas)

1 coliflor de 1 Kilo
1/2 litro de leche, más otro 1/4 aparte
50 gramos de mantequilla.
3 cucharadas de harina.
Sal

Se pone al fuego un puchero con agua y el cuarto de litro de leche para cocer la coliflor partida en cogollos y añadimos la sal. Cuando la coliflor esté cocida, escurrirla y reservarla en una fuente.

Para hacer la bechamel ponemos en un cazo la mantequilla, junto con la harina y la leche, y la removemos al fuego hasta que quede una bechamel fluida.

Esta bechamel se echa por encima de la coliflor cubriéndola toda y se lleva al horno a gratinar.

Crema de marisco

La crema de marisco es una receta moderna que certifica la presencia cada vez mayor de estos deliciosos moluscos y crustáceos en la cocina. No es un plato de todos los días, pero permite lucirse en un momento determinado.

Los mariscos son frutos de mar que producen en el paladar sutiles matices gustativos, presentan una amplia gama de posibilidades de placer gastronómico que se funden, en este caso, en un conjunto armónico: la crema de marisco.

Para el Diccionario de la Real Academia Española, marisco (del latin *mare*, *maris*, el mar) es cualquier animal marino invertebrado, y especialmente cualquier crustáceo o molusco comestible.

La nómina de los mariscos es enorme, aunque no se emplean todos, ni mucho menos, en la preparación de esta crema deliciosa.

Los crustáceos más apreciados en nuestros mercados son: percebe, camarón, quisquilla, gamba, langostino, carabinero, santiaguiño, cigala, lubrigante, langosta, cangrejo, buey, nécora y centolla, mientras los moluscos de concha más consumidos son la lapa, oreja de mar, bígaro, berberecho, almeja, carneiro, maelo, chirla, cadela, coquina, arola, mejillón, navaja, vieira, zamburiña, ostra, ostión, y en los moluscos blandos incluimos el calamar, la pota, la jibia, y el pulpo.

En realidad, la crema de marisco se prepara generalmente según las costumbres de cada lugar con langostinos, gambas, cigalitas, trozos de langosta, y algunos moluscos, bien cocidos, aderezados, y pasados por el chino. Excepcionalmente, se pueden utilizar otros.

VALORACIÓN NUTRITIVA

Los mariscos tienen entre un 10 y 20% de proteínas de buena calidad, poca grasa muy saludable y rica en poliinsaturados y Omega-3, sólo presentan trazas de carbohidratos, colesterol que va desde cantidades discretas presentes en las almejas, chirlas, berberechos, ostras y vieiras, a otras cifras más respetables como las de nécoras, cangrejos, centollos y mejillones, y a otras verdaderamente importantes como las de calamares y similares, cigalas, gambas y camarones, langosta y bogavantes y langostinos, por lo que los comensales con unos niveles de colesterol alto, deben ser parcos en su consumo. Las cifras de purinas (ácido úrico) son bastante bajas, pero, no conviene abusar.

Estas carnes, suaves y sabrosas, son de difícil digestión tanto para el aparato digestivo como para el bolsillo.

Crema de marisco

Ingredientes: (Para 4 personas)

1 cebolla
2 zanahorias
2 puerros
3 ramitas de perejil
1 tomate maduro
400 gramos de gambas
8 langostinos
4 cigalitas
1 1/2 litro de fumet de pescado
1 copa de coñac
2 decilitros de nata liquida

Picamos la cebolla, las zanahorias y los puerros y los ponemos en una cazuela con aceite para que se doren a fuego suave.

Cuando estén medio hechos se añade el tomate troceado y el perejil, y luego el marisco pelado y troceado, excepto las cuatro cigalitas que se dejan enteras. Se echan también las cabezas.

Se deja hacer 10 minutos, se añade la copa de coñac y flamea. Luego se añade el fumet de pescado y se deja cocer otros 15 minutos.

Sacar las cuatro cigalitas que están enteras y reservarlas.

Triturar la verdura, añadir a la cazuela donde hemos cocido todo y pasar el contenido por el chino fino a una cazuela limpia, añadir la nata liquida, y dejar que dé un hervor suave. Trocear encima de la crema las cigalitas que habíamos reservado.

Ensalada de angulas

Las angulas son las crías de las anguilas, una vez la larva ha adoptado la forma de pez y constituyen, sin duda alguna, una de las mayores singularidades de la cocina vasca.

Antes de que las angulas tuvieran los precios actuales, fueron un plato popular y socorrido hasta el extremo de figurar en el menú del día de restaurantes y casas de comidas del Casco Viejo de Bilbao.

En pueblos de Guipuzcoa, concretamente en Oñate, los pescaderos de comienzos de siglo las ofrecian como regalo a los clientes que compraban un buen besugo, o una merluza excepcional.

Pescado azul rico en grasas muy saludables, y trascendió de las cazuelitas de barro individuales con aceite caliente, ajo y guindilla, llamadas a la bilbaina o al pil-pil, a acompañar a platos de merluza, kokotxas y almejas, y tambien a uno algo más intrascendente aunque delicioso y aristocrático como es la ensalada de angulas, que a veces se sirve templada, combinando de forma acertada con escarola, endivias, tomatitos, ajo, vinagre y el insustituible aceite virgen de oliva.

VALORACIÓN NUTRITIVA

Las angulas son pescado muy saludable que ayuda en la prevención de las enfermedades cardiovasculares.

El ajo es uno de los fundamentos de la alimentación sana; rico en azufre, iodo, sílice, vitamina A, B y C, y esencias sulfuradas volátiles que ejercen una gran acción desinfectante y refuerzan el sistema inmunitario.

La escarola contiene betacarotenos y ejerce una suave acción sedante. **El tomate** y **el ajo** son una maravilla, **el aceite de oliva** rico en monoinsaturados refuerza el sistema cardiovascular, y todo el conjunto, compone un plato colorista y saludable.

Ensalada de angulas

Ingredientes: (Para 4 personas)

200 gramos de angulas
2 endivias
8 ramas de escarola blanca
4 tomatitos cereza
6 cucharadas de aceite de oliva de 0,4 grados
1 cucharada de vinagre de Jerez
1 cucharada de vinagre de manzana
1 diente de ajo, sal

Ponemos en un bol el aceite, los dos tipos de vinagre, el diente de ajo partido en láminas y un poco de sal, machacamos todo un poco y lo dejamos reposar 1/2 hora. Pasado este tiempo retiramos el ajo.

Ponemos en una fuente las hojas de las endivias, las ramas de escarola troceadas por encima y aliñamos todo ligeramente con la vinagreta que hemos preparado.

Ponemos en el bol las angulas, las removemos con la mano y las colocamos en el centro de la ensalada. Partimos los tomatitos por la mitad y adornamos con ellos.

Espárragos naturales con salsa bearnesa

Los espárragos surgen de la tierra con los primeros soles y son protagonistas de la cocina primaveral.

Se cultivan en las riberas de los ríos europeos, asiáticos y africanos, y en España los más famosos son los de la ribera del Ebro cuando baña La Rioja, Navarra, Aragón y Cataluña, los de Aranjuez que se cultivan en las orillas del Tajo, los de la huerta de Murcia, y también los de secano de Cáceres aunque cada vez se importan más los del Nuevo Mundo.

«Los de abril, para mí; los de mayo, para mi amo; los de junio, para ninguno», este refrán define claramente la mejor época para consumirlos frescos.

Existen tres tipos de espárragos: cultivados, trigueros o silvestres, y los de jardín.

Dice el refrán: «Quien nísperos come, espárragos chupa, bebe cerveza y besa a una vieja, ni come, ni chupa, ni bebe, ni besa», y es que los espárragos son placer en la mesa, pero ni alimentan ni engordan.

En nuestra opinión la mejor fórmula para comerlos, es cocidos, ya templados, y acompañados de alguna salsa como la bearnesa, una de las más finas y delicadas de la cocina clásica.

La salsa bearnesa es una salsa emulsionada caliente, compleja y difícil de realizar, que exige mil precauciones dado su caracter «iracundo»: a la primera contrariedad se corta, dejando al ama de casa desalentada y ligeramente empobrecida en un discreto número de huevos, una buena cantidad de mantequilla, perifollo, etc...

Hermana gemela de la salsa holandesa, es más espesa, tiene un sabor más pronunciado, y su principal originalidad es responsabilidad del perifollo, hierba aperitiva y estimulante.

Nuestras costumbres gastronómicas se decantan muchas veces por una sencilla salsa mayonesa, salsa fría elaborada con yemas de huevo batidas con aceite de oliva, y condimentada con vinagre o limón y sal.

VALORACIÓN NUTRITIVA

Los espárragos apenas contienen proteínas, tienen un 8% de hidratos de carbono, no tienen grasas, y tienen algunas vitaminas del grupo B, A y C, y abundantes minerales, sobre todo azufre, potasio y fósforo.

Aportan apenas unas 20 calorias por cada 100 gramos. Pero las virtudes salutíferas de los espárragos provienen de su contenido en esparaguina, una sustancia diurética de la que desde la antigüedad se conocen sus virtudes laxantes, porque debido a su gran contenido en fibra mejoran el movimiento intestinal.

También se ha comprobado su acción beneficiosa sobre el corazón por su contenido en una sustancia con propiedades similares a la digitalina.

La salsa bearnesa hecha a base de mantequilla y yema de huevos, no es apta para cualquiera, aunque el perifollo y el perejil tienen buenas cualidades.

Las personas que tienen problemas con el colesterol deben mostrarse moderados con respecto al consumo de esta salsa.

Porrusalda *(página 54)*

Salsa bearnesa

Ingredientes:

3 cucharadas de vinagre blanco
1 cebolla pequeña
3 yemas de huevo
100 gramos de mantequilla
Un poco de perifollo
Perejil

En un cazo se cuece a fuego muy suave el vinagre junto con la cebolla picada muy menuda.

Cuando el líquido se haya reducido a la mitad se pasa por un colador fino, exprimiendo bien la cebolla. En este jugo se ponen las yemas de huevo, se unen bien y se pone el cazo al baño maría. Sin dejar de remover, se añade poco a poco la mantequilla fundida, para que se incorpore bien hasta que la salsa esté densa.

Se vierte en una salsera previamente calentada y se le añade el perejil, el perifollo muy picado, y una pizca de sal.

Esta salsa acompaña estupendamente a los espárragos naturales.

Habas de Vitoria

Los bilbainos motejaron de «babazorros» a los vitorianos y éstos a los bilbaínos les llamaron «chimbos» o «txinbos», aquellos por su afición a comer habas y los otros a comer unos deliciosos pajarillos que abundaban en las campas de los alrededores de Bilbao.

Las habas se comen en Vitoria con auténtico deleite y no es menor la exigencia de calidad, siempre han de ser frescas y procedentes de un fruto cosechado tierno, es decir, completamente verdes, y en estas circunstacias la propia vaina es también comestible.

Esta legumbre se encuentra fresca, durante los meses de invierno, sobre todo de Noviembre a Marzo en cuya etapa se ofrecen tiernas y de magnífica calidad, aunque los cultivos intensivos amplían enormemente su oferta.

Las habas tiernas tienen diversas aplicaciones culinarias: rehogadas, salteadas con jamón y mezcladas con otras verduras a modo de menestra.

VALORACIÓN NUTRITIVA

La categoría alimentaria de **las habas** es importantísima, porque frescas contienen un residuo sólido superior al 4%, un motor intestinal excelente.

Contienen además aceptables cantidades de proteínas e hidratos de carbono, apenas tienen grasa, y aportan bastante hierro y magnesio, un poco de todas las vitaminas y apenas 40 calorías por cada 100 gramos, lo que las hace muy digestivas.

Esta receta constituye un magnífico plato aconsejado a todas las personas, excepto a aquellas de estómago muy delicado. Cuidado con el exceso de sal del jamón.

Habas de Vitoria

Ingredientes:
(Para 4 personas)

4 kilos de habas con calzón o vaina
200 gramos de buen jamón
2 chalotas
Aceite

Pelamos las habas, que preferentemente han de ser pequeñas, y las ponemos a cocer en agua hirviendo unos 5 minutos.

Ponemos en una cazuela aceite y la llevamos al fuego; cuando esté templado el aceite, echamos la chalota picada y dejamos que se haga suavemente, añadimos las habas que habremos retirado del agua y el jamón troceado, tapamos y dejamos que se hagan.

Añadimos un poco del agua de las habas, y dejamos que cueza todo hasta que las habas estén bien tiernas (15 minutos).

Menestra de verduras

La menestra es un plato que une variados productos de la huerta y que ha logrado una justa fama en todas las mesas.

No hay una fórmula fija para su preparación, y aunque es un plato tradicionalmente primaveral, las huertas intensivas en los invernaderos, los productos congelados y la entrada de verduras de los puntos más variados del mundo, nos permiten realizar las menestras más variadas e insospechadas.

Básicamente, llevan lo mejor de las huertas: espárragos, alcachofas, habas verdes, guisantes frescos, vainas o alubias verdes, zanahorias, cebolla, pencas de acelgas, berenjenas, calabacín, patatas, setas, ...

El proceso de elaboración de la menestra típica supone cocer cada verdura separadamente y juntarlas todas al final, aunque algunas de ellas como las berenjenas y las pencas, pueden rebozarse aparte.

VALORACIÓN NUTRITIVA

La menestra es un plato delicioso y emblemático, digno representante de una cocina sabrosa y saludable.

Las verduras proporcionan una sinfonía de colores, vitaminas y minerales, que favorecen todos los procesos del organismo.

El rico **aceite virgen de oliva** termina de acreditar esta excelencia. Es un plato recomendable para todos.

Menestra de verduras

Ingredientes:
(Para 4 personas)

8 pencas de acelga
1 berenjena
4 zanahorias
300 gramos de guisantes finos
150 gramos de habas pequeñas
150 gramos de setas o de champiñones
4 corazones de alcachofas
4 tajadas de jamón
Para la salsa:
1 cebolla
1 zanahoria
2 tomates, 1 puerro
1/2 cucharada de harina
Agua del caldo de cocer las verduras

Cocer por separado todas las verduras. Rebozamos las pencas, la berejena partida en rodajas y las zanahorias (que habremos cortado por la mitad a lo largo y nuevamente por la mitad) y las vamos poniendo en una cazuela, añadiendo el resto de las verduras.

Salteamos ligeramente las setas o los champiñones en un poco de aceite.

Para hacer la salsa, echamos en una cazuela puesta al fuego, el aceite y las verduras finamente picadas, y dejamos que se hagan suavemente.

Cuando esté todo un poco dorado, echamos la harina, removemos y añadimos el caldo. Dejamos cocer unos 10 o 15 minutos, lo vertemos por encima de las verduras y dejamos que cueza todo junto otros 10 minutos.

Ponemos una sartén con 3 gotas de aceite al fuego, pasamos ligeramente el jamón y lo repartimos por encima de las verduras antes de servirlas.

Patatas en salsa verde

Las patatas son siempre un plato con el éxito asegurado, cualquiera que sea la forma de prepararlas.

Son de origen americano, de los Andes peruanos y bolivianos, fueron traídas a Europa por los conquistadores, y primero se utilizaron como simple planta de adorno y después como alimento del ganado.

Parece ser que en Francia, Parmentier, filósofo y farmaceútico, logró convencer a Luis XVI para que se cultivaran como alimento humano, aunque con ello no logró evitar la Revolución. Posteriormente se extendieron a todo el mundo, y ha sido uno de los alimentos que más ha hecho para evitar las grandes hambrunas.

No deben comerse crudas porque son tóxicas por la acción de la solanina, aunque este veneno está presente de forma más intensa en los frutos aéreos verdes, que aparecen en sus ramas. En el fruto comestible, la patata, este tóxico existe en muy pequeña cantidad y muy adherido a la piel, que como sabemos, se desecha para él consumo diario.

Cortadas en rodajas y guisadas en una cazuela con ajo y perejil, componen este exquisito y sencillo plato en base a la acción emulgente del ajo ligeramente frito, y el color alegre y vivo del perejil.

Pero las patatas se utilizan de mil maneras: fritas, cocidas, guisadas, en puré y como acompañamiento de múltiples platos. Son una comida perfecta de todos los días.

VALORACIÓN NUTRITIVA

Las patatas tienen un 2% de proteínas, apenas contienen grasa, y el 21% de su peso lo compone el almidón, pequeñas cantidades de minerales aunque el potasio está muy bien representado, y algunas vitaminas sobre todo ácido fólico, vitamina B_6 y C.

Su contenido de colesterol es cero, por lo que pueden comerse con libertad por todos, y las cantidades de ácido úrico que presentan son casi inexistentes, de modo que la patata puede aparecer en la dieta de las personas que tienen gota.

En nuestra dieta habitual, la patata es la principal fuente de hidratos de carbono de absorción lenta, y junto con el arroz, el pan y las pastas, son alimentos que hoy en día, casi en el segundo milenio, están marginados porque existe la idea de que engordan.

Pero ésto debemos olvidarlo y tener una cosa muy clara: lo único que no engorda es lo que se queda en el plato, y el agua.

Si a las patatas en salsa verde añadimos como opción **guisantes**, el valor nutritivo de esta receta se incrementa, y siempre se redondea con el uso de **aceite de oliva**, **ajo** y **perejil**, componiendo finalmente un plato bastante nutritivo, y totalmente recomendable para todos sin excepción.

Patatas en salsa verde

Ingredientes:

1 1/4 kilo de patatas partidas en rodajas
150 gramos de guisantes finos
3 dientes de ajo
Perejil muy picado
Aceite de oliva
Sal

Se pone al fuego una cazuela con aceite, cuando se temple se añaden los ajos muy picados, y cuando éstos empiecen a tomar color se echan las patatas y los guisantes.

Se dejan rehogar, se cubren con agua y se salan, dejándolas cocer unos 20 minutos; a media cocción se echa el perejil.

Para completar el plato se pueden añadir unas faldas de merluza, o un huevo escalfado.

Percebes cocidos

El percebe es un crustáceo con aspecto de molusco debido a su vida sedentaria en la que se le han ido atrofiando algunos apéndices y segmentos.

Tiene dos zonas bien diferenciadas, la uña, que está protegida por placas calizas, y el pedúnculo, que es donde se encuentra su sabrosa carne; su forma es de tubo cilíndrico con la piel apergaminada y cubierta de pequeñas escamas casi imperceptibles.

Los percebes son hermafroditas y las larvas, al abandonar el huevo, nadan libremente formando grandes colonias por las aguas superficiales y muy batidas del mar.

Pronto se agrupan sobre las rocas en piñas o colonias muy cerradas para salvar la especie, buscando fecundar al individuo más cercano por medio de un órgano copulador más largo que el cuerpo, que introducen en las valvas abiertas del animal más próximo.

Para muchos gastrónomos el percebe es el rey de los mariscos, y los mejores se encuentran viviendo sobre piedras duras, no areniscas, en zonas de la costa muy batidas por el mar, que se descubran con las mareas y a las que llegue bien la luz.

Entre ellos, los mejores son los cortos y anchos, llenos de carne, y con los bordes de la uña rojizos.

La forma de consumirlos es cocidos en agua con un puñado de sal.

VALORACIÓN NUTRITIVA

El percebe es un capricho gastronómico caro y tiene poco valor nutricional, pero a la hora de escoger los percebes, juegan el paladar y el bolsillo. Tienen bastantes proteinas y calcio, y poco más.

Percebes cocidos

Ingredientes:
(Para 4 personas)

1 kilo de percebes.
1 litro de agua
50 gramos de sal

Se pone en un puchero el agua y la sal a fuego vivo, y una vez que el agua rompa a hervir, se echan los percebes y se dejan cocer por espacio de dos minutos.

Sacar, escurrir los percebes y pasarlos a una fuente. Servirlos templados.

Pimientos verdes de Gernika (Gernikako piperra) rellenos de manitas

El pimiento es una planta de origen tropical perfectamente asentada en nuestras huertas hace siglos. Y son precisamente los pimientos verdes de Gernika, pequeños, finos, de carne gruesa, aromáticos y de un color enormemente atractivo, una delicia para el paladar y un placer gastronómico para los vascos, que los consumen de la forma más tradicional.

Se comen simplemente fritos siendo muy solicitados los de la primera flor, y su relleno con manitas de cordero compone una sinfonía deliciosa de sabores.

Las manitas de cordero incluyen las partes óseas y cartilaginosas de las patas, compuestas de músculos y tendones, ricas en tejido conjuntivo, elástico y cartilaginoso. Se cuecen y separan las partes comestibles.

VALORACIÓN NUTRITIVA

Los pimientos en su tiempo son digestivos si se fríen a fuego lento, pero si se comen en abundancia, cosa frecuente por el placer que proporcionan, pueden resultar pesados. Son ricos en vitaminas y minerales, pobres en sodio y ácido urico para fortuna de hipertensos y gotosos. Por otra parte, apenas tienen calorías.

Las manitas de cordero o manos, contienen bastantes proteínas, grasas y gelatina.

La receta en conjunto es muy apropiada para estómagos fuertes.

Pimientos verdes de Gernika (Gernikako piperra) rellenos de manitas

Ingredientes: (Para 4 personas)

16 pimientos
6 patas de cordero
2 huevos duros
1/2 taza de bechamel
Aceite de oliva
2 zanahorias
2 puerros
1 cebolla
Sal
Para la salsa:
El agua de cocer las patas
2 puerros
3 zanahorias
1 cebolla
1 tomate
Aceite, sal

Cocemos las patas peladas y limpias junto con las verduras troceadas durante unos 30 minutos. Cuando estén tiernas, las deshuesamos y desmigamos, ponemos los huevos muy picados y la bechamel. Mezclamos bien y salamos.

Quitamos el corazón y el rabo de los pimientos y las pepitas. Los rellenamos con las patas que tenemos preparadas, rebozamos en huevo y harina, freimos ligeramente y ponemos en una cazuela.

Para hacer la salsa, ponemos aceite en una cazuela y añadimos las verduras pica-

Chorizo casero cocido *(página 38)*

das. Dejamos que se hagan bien, y añadimos algo del agua de cocer las patas.

Cuando todo esté bien cocido, lo pasamos por el chino y echamos la salsa por encima de los pimientos.

Finalmente dejamos que cueza todo unos 6 minutos.

Piperrada

Piperra, en euskera, quiere decir pimiento, lo que indica claramente cual es el ingrediente principal de esta preparación vasca. Algunos utilizan además huevo pero hay muchos que no están de acuerdo con su uso.

Los habitantes de Zuberoa, en el sur de Francia, tienen este plato como suyo, y cada vez tiene más atractivo a este lado de la frontera.

Se realiza básicamente con pimientos verdes y rojos cortados en juliana, y cebolla, rehogado todo en aceite, y añadiendo luego ajo muy picado.

En un recipiente aparte se fríe tomate troceado con cebolla, y se junta todo, componiendo un conjunto extraordinariamente aromático y atractivo.

VALORACIÓN NUTRITIVA

Los pimientos son muy ricos en vitaminas, principalmente en vitamina C y sustancias vasodilatadoras, mientras que los tomates, los ajos y el aceite ayudan a presentar un plato muy saludable, recomendable para todos los que tengan un aparato digestivo que permita su digestión sin problemas.

Piperrada

Ingredientes: (Para 4 personas)

750 gramos de tomate maduro
4 pimientos de asar rojos
1 cebolla hermosa
8 pimientos verdes de Gernika
Aceite, sal y un poco de azúcar

Asar los pimientos, pelarlos, cortarlos en tiras y reservarlos.

Poner en una cazuela la cebolla picada, y cuando empiece a dorarse, añadir el tomate picado en trozos pequeños y un poco de azúcar. dejar que se haga suavemente unos 20 minutos.

Aparte freir los pimientos verdes cortados en juliana.

Pasamos el tomate por el chino, añadir los pimientos asados y los fritos y dejar cocer todo junto suavemente unos 10 minutos.

Pisto a la bilbaína

El pisto es un plato de la cocina tradicional bilbaína elaborado con cebolla blanca, pimientos verdes, calabacín pelado, todos ellos cortados en dados, tomate natural picado, aceite, huevos y sal.

Una vez salteadas las verduras, hecha la salsa, y extraido todo el aceite de cocción, se le añaden los huevos medio batidos, y cuando todo está cuajado se sirve, adornado con panes fritos.

VALORACIÓN NUTRITIVA

El pisto es un magnífico plato elaborado con productos naturales, rico en elementos nutritivos, y no muy calórico.

Tiene buena digestibilidad y es muy recomendable si se utiliza poca sal en su elaboración.

Pisto a la bilbaína

Ingredientes: (Para 4 personas)

1 kilo de tomates
8 pimientos verdes
3 calabacines
1 cebolla
6 huevos
Aceite y azúcar
Sal

Hacemos una salsa de tomate con 1/2 cebolla, el tomate, aceite, una cucharadita de azúcar, lo pasamos por el chino y lo reservamos en una cazuela.

En una sartén, ponemos aceite, la cebolla, los pimientos, los calabacines picados y cuando esté todo bien hecho, lo añadimos a la cazuela donde hemos reservado el tomate.

Añadimos sal y ponemos la cazuela al fuego, batimos los huevos, los echamos a la cazuela y removemos todo bien con una espátula, procurando que quede jugoso.

Pochas con codornices

Si cuando hablamos de alubias o cocido de alubias señalamos a las alubias rojas, el término **pochas** se refiere a la legumbre temprana blanca, dentro de su vaina, es decir, recién recogidas y que son consumidas antes de su madurez.

Su nombre viene del color desvaído o «pocho», que tienen en el momento de su recolección. Se puede decir que Navarra es la cuna de la pocha, que también se recogen en La Rioja. Los congeladores caseros han supuesto que su consumo se extienda durante todo el año, aunque son más gustosas consumidas en su tiempo.

La costumbre de comer pochas desde finales de julio a últimos de septiembre se ha propagado desde la Ribera, que es donde antes se sazonan estas leguminosas, y se ha complementado con **las codornices** que se cazan en aquellas tierras precisamente en esa época.

Esta ave pequeña, de tonos pardos y arenosos listados, patas cortas y casi sin cola, vive en campos de cereales, praderas, sembrados y zonas herbáceas, y nidifica en la toda la Península Ibérica.

VALORACIÓN NUTRITIVA

La diferencia entre las alubia secas y **las pochas** es el grado de humedad que presentan, que ronda el 10% en las primeras y sube hasta el 25% en las frescas.

Contienen bastante fibra, pocas proteínas y tienen abundantes cantidades de potasio y magnesio,

La codorniz es rica en proteínas, tiene poca grasa, apenas presenta colesterol, y bastante potasio y fósforo. Es un excelente plato, sabroso, gustoso y muy completo, pero para estómagos e hígados sólidos.

Pochas con codornices

Ingredientes: (Para 4 personas)

1/2 kilo de pochas desgranadas
5 codornices
2 cebollas
3 puerros
2 zanahorias
2 dientes de ajo
1 tomate mediano
1 vaso de vino blanco
Aceite de oliva
Sal

Ponemos las pochas en un puchero cubiertas de agua fria, echamos una cebolla, dos puerros, dos zanahorias, dos dientes de ajo y el tomate pelado, todo ello muy picado, y una codorniz. Se mezcla todo suavemente, que las pochas estén bien hechas y en su punto.

En otra cazuela, ponemos aceite, la llevamos al fuego, y le echamos la otra cebolla y el puerro restante, todo muy picado.

Dejamos que tomen un poco de color y añadimos las otras cuatro codornices bridadas. Las rehogamos bien, añadimos el vaso de vino blanco y dejamos que se hagan unos 25 o 30 minutos.

Retiramos las codornices, las desatamos, pasamos la salsa por el chino, la unimos a las codornices y dejamos cocer un poco.

Servimos por separado las pochas y las codornices.

Porrusalda

La porrusalda es una sopa de puerros, calabaza y patatas, de gran tradición y solera en el País Vasco.

Es uno de los platos más agradecidos de la cocina vasca casera y del invierno, y se destaca en las cartas de muchos restaurantes, incluidos los de alto copete.

La receta es tan sencilla que casi sobra su descripción: se cascan las patatas, se colocan en un puchero cubiertas de agua fría o templada, a continuación se ponen unos puerros troceados y se arrima el puchero al fuego.

Cuando las patatas están a medio cocer, se añade un buen pedazo de calabaza, y si gusta, una cola y orejas de bacalao desaladas. Se deja que hierva todo junto, y cuando esté bien cocido añadir una chorretada de aceite crudo hasta finalizar la preparación.

Según las distintas zonas, en el guiso pueden concurrir ajos, zanahorias, costilla salada de cerdo y bacalao.

VALORACIÓN NUTRITIVA

Los componentes de este plato son una maravilla de la Naturaleza, y el resultado final en consecuencia es delicioso.

Es una completa entrada que anima al estómago a segregar jugos gástricos, a la vez que es pobre en valor energético, rico en vitaminas y sales minerales, y prácticamente sin contraindicación alguna.

Además es un buen diurético.

Porrusalda

Ingredientes:

8 patatas medianas
8 puerros gordos
1 kilo de calabaza
Aceite
Sal

Ponemos un puchero con agua al fuego, y cuando comience a hervir echamos los puerros limpios partidos en trozos, junto con un poco de su parte verde.

Dejamos que hierva unos 10 minutos, añadimos las patatas peladas y cascadas en trozos junto con la calabaza troceada, y dejamos que hierva otros 10 minutos.

Seguidamente, echamos una buena chorretada de aceite de oliva virgen y un poco de sal y dejamos que cueza otros 10 o 15 minutos más.

También se le puede añadir una cola de bacalao remojado cuando las patatas estén a medio cocer.

Revuelto de hongos

El mundo de **los hongos** es apasionante con más de 250.000 variedades pertenecientes a una especie vegetal ecologista, porque cuando crecen y se hacen manjar, destruyen las hojas y plantas muertas para formar tierra fértil.

En gastronomía interesan las especies pertenecientes a los hongos superiores.

En el aspecto gastronómico destacan el *Boletus edulis* (Hongo común) y el *Boletus aereus* (Hongo negro), el primero llamado también Ondozuri, hongo comestible, hongo blanco o seta de Burdeos, mientras el segundo se conoce también como Ondo beltz, o cabeza de negro, ambos tienen la carne espesa, muy firme, blanca, y con olor y sabor muy agradables.

Habitan de primavera a otoño bajo árboles de hoja, en claros de los bosques, linderos, caminos etc., y en bosques de coníferas el edulis, y especialmente bajo robles, el beltz.

El hongo común es una seta comestible excelente, que se presta a diversos guisos, y el hongo negro es el boleto más codiciado por los «setalaris» vascos, y puede ser guisado de las formas más diversas.

VALORACIÓN NUTRITIVA

A **los hongos** se les ha llamado «la carne del pobre», por su facilidad de adquisición en los momentos en que su presencia abunda (viven en el monte al alcance de cualquiera entendido).

Tienen un paladar espeso y atractivo, contienen un 90% de agua, alrededor de un 4% de proteínas (entre 6 y 7 kilos de hongos equivalen a uno de carne), apenas presentan un 4% de azúcares, no tienen grasas ni colesterol y presentan cifras muy bajas de ácido úrico.

Los huevos del revuelto ayudan a mejorar su valor nutricional, aunque aumentan el nivel de colesterol del plato, por lo que se deben comer con prudencia sobre todo por parte de aquellas personas que tienen problemas vasculares.

El aceite de oliva adereza bastante bien el conjunto, y permite que se desarrollen todos los aromas del monte.

Revuelto de hongos

Ingredientes:
(Para 4 personas)

8 huevos.
1/2 kilo de hongos
Aceite y sal

Limpiar bien los hongos y cortarlos en laminas finas.

Disponer una sartén con aceite puesta al fuego y echar en ella los hongos, taparlos y dejarlos hacer a fuego muy suave unos 25 minutos, hasta que queden bien hechos, removiendo de vez en cuando con cuchara de madera.

Cuando estén en su punto, dejarlos reposar tapados unos 10 minutos.

Batir muy bien 4 huevos en un bol, echar la mitad de los hongos y mezclar todo bien.

Poner una sartén a fuego medio, y cuando este caliente se vierte la mezcla de huevos y hongos, moviendo todo rápidamente para que se ligue bien.

Luego, hacer lo mismo con los hongos y los huevos restantes.

Hemos de procurar que no se hagan mucho, para que queden jugosos.

Revuelto de perretxikos

Los alaveses tienen como máximo exponente culinario, el revuelto de setas de primavera (*Tricholoma georgii*), llamada también **perretxiko**.

Es una seta de carne blanca, firme, compacta y espesa, de sabor y olor agradable a harina fresca, que crece entre la hierba de los prados, setas, brezos, espinos y endrinos. Se puede decir que es la seta más apreciada en el País Vasco.

Para realizar el revuelto de «perretxikos» o perrechicos es necesario que las setas sean frescas, disponer de una sartén con unas gotas de aceite, sazonar con un poco de sal, y nada de utilizar ajos ni cebollas, ya que matarían al aroma de las setas; por otra parte, debemos cascar los huevos partiéndolos con el tenedor sin batirlos, hasta que revolviendo todo el conjunto, adquiera una consistencia mucilaginosa.

VALORACIÓN NUTRITIVA

El perretxiko o *Tricholoma georgii*, contiene pocas proteínas, apenas presenta grasa, tiene algunas cantidades de hidratos de carbono metabolizables, y es rica en fibras, potasio y algunas vitaminas. La carne de las setas, en general, se considera la «carne del pobre», y apenas contiene calorías.

Esta seta lleva una sustancia antidiabética aún poco conocida.

Los huevos aumentan el valor nutritivo de un plato muy digestivo, pero obligan a tener prudencia a aquellas personas que tienen problemas con el colesterol.

Vainas con patatas *(página 60)*

Revuelto de perretxikos

Ingredientes: (Para 4 personas)

8 huevos
1/2 kilo de perretxikos
Sal

Limpiamos bien los perretxikos con un trapo, y los troceamos con las manos.

Ponemos en una sartén aceite, la llevamos al fuego, ponemos los perretxikos a hacer durante unos 5 minutos.

En un bol batimos muy bien los huevos y ponemos la sal. Vamos echando los huevos en la sartén removiendo con una cuchara de madera sin parar, con el fuego a media temperatura.

Hemos de procurar que quede ligado y que no quede seco.

Sopa de pescado

La sopa de pescado es la sopa estrella de la cocina marinera de todos los puertos vascos.

Durante decenios figuró como plato obligado de los restaurantes, y actualmente está un poco relegada, pero se recupera de la mano de la cocina tradicional.

Los pescados que componen esta rica sopa, son un conjunto armónico de sabores y perfumes de los variados productos del Cantábrico, que se acompañan de otros también excelentes que se recogen en las huertas. Gran parte del valor gastronómico de esta sopa marinera procede del conjunto mar-huerta, y la otra parte la pone el mimo que desarrollan en la cocina nuestras «amatxus» y cocineros, que la preparan con especial cariño.

VALORACIÓN NUTRITIVA

El plato es una sinfonía de aromas y sabores, es pobre en proteinas pero éstas son de calidad, la grasa que llena el paladar es todo salud, y mísera en hidratos de carbono aún cuando lleva pan de sopako. Durante los años de la pobreza fué plato único y estrella de tantas y tantas casas vascas.

Aunque **las sopas** no son un alimento calórico, lo cierto es que una buena sopa en invierno entona el cuerpo. Los trozos de pescado y la grasa que abunda en el conjunto, son ricos en acidos poliinsaturados beneficiosos para el sistema arterial, que previenen las enfermedades cardiovasculares.

Es, en suma, un plato delicioso para todos.

Sopa de pescado

Ingredientes: (Para 4 personas)

400 gramos de pescado de roca
1/2 kilo de rape
1 cogote de merluza
12 almejas
1 cebolla, 3 zanahorias
2 tomates, 2 puerros
200 gramos de pan de sopako
3 cucharadas de aceite
Agua
Sal

Poner en un puchero agua con sal, y picar media cebolla y un puerro, y echarlos en el puchero junto con el pescado limpio y troceado. Dejar cocer todo 15 minutos.

Se pasa por el chino el caldo obtenido y se lleva a otro puchero. Reservamos aparte el pescado limpio y sin espinas.

En una cazuela se pone el aceite, la otra media cebolla, el puerro, las zanahorias troceadas, y los tomates pelados, troceados y sin pepitas. Cuando esté todo hecho, lo pasamos por la batidora y el pasapurés, volvemos a poner en la cazuela y lo dejamos hacer otros 15 minutos.

Se echan las almejas, y cuando se han abierto, se añade la media copa de coñac, y se flamea.

Seguidamente ponemos todo en el puchero con el caldo, y añadimos el pan de sopako, partido en trozos pequeños, y el pescado desmigado

Terrina de foie

La voz francesa **foie-gras** significa hígado graso, y no es otra cosa que el hígado de estas anátidas domesticas, principalmente pato y oca, a las que se ha sometido a un proceso de cebado que provoca la hipertrofia de este órgano. De esta forma, el hígado llega a tener volúmen diez o doce veces mayor que un hígado normal.

La conserva es el producto que se elabora con los hígados obtenidos de ésta manera, cocidos en agua y sal, a los que se les añade azúcar, pimienta y Armagnac, según gusto, y se recubren luego de su cocción con jugos y grasas propias para que se conserven mejor. Es el *foie-gras mi-cuit* (semi cocido), aromático y delicadamente untuoso en el paso de boca.

Su popularidad y difusión crece incansablemente, y ya no es aquella golosina exótica que hace tan sólo una década, se adquiría con devoción, junto a una botella de Burdeos, con ocasión de un viaje a Francia.

Hoy en día se produce en Navarra, Cataluña, Castilla y Pais Vasco, y el aumento de su consumo supone uno de los índices de hedonismo gastronómico más representativo en España.

Cuando el foie gras se adquiere envasado es preciso saber que el hígado entero representa la máxima categoria (1ª); el bloque, con una porción de lóbulo completo dentro de cada lata y un 50% de trozos aglomerados ocupa el 2º lugar; y el parfait, puré de hígados diversos, el 3º y último lugar en el mercado.

No hay que olvidar que las latas de foie-gras, lo mismo que las de atún, se añejan y afinan con el tiempo, y después de tres o cinco años en lugar fresco (18° C.), su sabor se concentra y alcanza un paladar mucho más intenso, mientras el *mi-cuit*, hoy de moda en todos los restaurantes punteros, es una semiconserva que envasada al vacio, no dura más de cuatro semanas a una temperatura de 2 a 4° C.

No hay que confundir el foie gras, que como se ha dicho es hígado de oca o pato, con el **paté**, que es una pasta elaborada generalmente con hígados de cerdo, grasa de cerdo o de ave, productos sazonados y fécula, que se elabora sólo o con un núcleo mínimo de foie gras del 50% de la preparación, o trufado.

VALORACIÓN NUTRITIVA

El hígado de cualquier animal domestico, utilizado para consumo, es una mina de proteinas, grasas, vitaminas y minerales, es un plato de alto valor energético que llega a 500 calorias por cada 100 gramos, y no debe consumirlo ningún enfermo, salvo indicación expresa.

Terrina de foie

Ingredientes:

1 hígado de 1/2 kilo
2 trufas.
1 copa de Armagnac
Mantequilla.
Sal
Un trozo de papel de aluminio

Poner el hígado a remojar en agua durante 4 horas.

Transcurrido el tiempo, separamos con las manos los 2 lóbulos del hígado y con mucho cuidado limpiamos con la punta de un cuchillo fino las venas que tienen en su interior, procurando romperlo. Lo secamos e impregnamos bien con el Armagnac y un poco de sal, y lo dejamos reposar media hora.

En una terrina con tapa, se pone un trozo de papel de aluminio cubriendo el fondo y los lados, y lo untamos con un poco de mantequilla.

Ponemos el hígado, primero el trozo grande, lo apretamos bien contra las paredes de la terrina y repartimos por encima una trufa partida en laminas pequeñas.

Después, ponemos el resto del hígado con el trozo más grande encima, y añadimos la otra trufa también partida en láminas pequeñas. Tapamos la terrina y la metemos en el horno ya caliente a 220º C, unos veinticinco minutos.

Transcurrido ese tiempo, la sacamos del horno y cuando esté templado, lo metemos en el frigorifico durante 24 horas.

Para desmoldar el foie, metemos la terrina un momento en agua caliente, y la desmoldamos quitando el papel de aluminio. Para cortar el foie, pasar el cuchillo por agua caliente antes de cortarlo.

Vainas con patatas

Las vainas o **judías verdes** son consideradas como una de las verduras más apetecibles.

Para que resulten extraordinarias en cualquier plato tienen que ser de buena calidad y muy frescas, y para que conserven su delicado sabor será preciso que se sirvan a la mesa inmediatamente después de cocinadas.

En cuanto a **la patata**, las aplicaciones culinarias de este tubérculo son tan variadas que es dificil que existan recetas de cocina en las que no participe. En los países mediterráneos, la patata es considerada como alimento complementario, cosa realmente inexplicable, si tenemos en cuenta que es muy completa.

Vainas y patatas cocidas y simplemente rehogadas con un refrito de aceite y ajos forman una sinfonía delicada y muy apetecible.

VALORACIÓN NUTRITIVA

Las vainas se caracterizan por su bajo contenido energético, y **las patatas cocidas** cuyo componente principal es el almidón, están en la misma linea.

Este plato tolera muy bien su condimentación con poca de sal, por lo que puede incluirse sin ningún problema en las dietas con bajos niveles de sodio. Contiene bastante fibra y no modifica las cifras de colesterol sanguíneo.

Crema de marisco *(página 41)*

Vainas con patatas

Ingredientes:
(Para 4 personas)

1 kilo de vainas
2 patatas
1 cebolla mediana
4 dientes de ajo
Aceite de oliva
Sal

Quitamos los hilos a las vainas, las partimos a lo largo por la mitad, y nuevamente las partimos a la mitad a lo ancho y las lavamos bien.

Ponemos al fuego un puchero con un poco agua y cuando comience a hervir echamos las vainas, y seguidamente las patatas peladas y troceadas, junto con la cebolla pelada y entera, y echamos un poco de sal

Cuando están cocidas, retiramos el caldo y las servimos con un buen refrito de aceite de oliva con ajos.

Vieiras al cava

La vieira es un molusco comestible, muy común en los mares de Galicia, cuya concha, la venera, es la insignia de los peregrinos a Santiago de Compostela.

El más representativo, a amplios niveles extragastronómicos, de los mariscos de Galicia, vive en sociedad en aguas poco profundas, y es un rico bocado bisexual dotado de glándulas genitales de ambos sexos en cada individuo, y que actúa unas veces como macho y otras como hembra.

La especie que por regla general recibe el nombre de vieira es la *Pecten Maximus* (Linneo), cuya concha puede medir más de 12 cm. de longitud, y está formada por dos valvas desiguales, cuya colocación externa varía entre el color crema y el tostado, y la parte interna es blanquecino aporcelanada.

En en la valva derecha, la más concava, es donde se aloja el cuerpo de la vieira, mientras que la izquierda es casi plana, sirve de tapadera y su coloración es blanquecina.

Las zonas del cuerpo de la vieira más sabrosas son las gónadas, y el musculo abductor redondo, grande y blanco.

El plato se acompaña de cebolla, chalotas y mantequilla que aportan numerosas cualidades sensoriales, y finalmente se le añade una copita de cava que aromatiza el conjunto.

VALORACIÓN NUTRITIVA

La rica carne de **la vieira** es muy nutritiva en proteinas, apenas tiene grasas y tan solo trazas de fibra, algunas vitaminas del grupo B, minerales principalmente calcio, sodio, potasio y fósforo, y aporta unas 80 calorias por cada 100 gramos.

Las cebollas y **las chalotas** son alimentos muy saludables, ricos en vitamina A, que se ve incrementada por la presencia de la mantequilla. La copa de **cava**, que es un vino de dos fermentaciones (la segunda en la botella), aporta un toque de distinción y placer.

Como por una parte la vieira es un molusco que contiene poco colesterol, la verdura es deliciosa, la mantequilla está presente en pequeñas cantidades, y el cava es una maravilla, aún con una presencia tan escasa como en esta receta, consideramos que no debe hacer daño a nadie y lo pueden comer todos.

Vieiras al cava

Ingredientes: (Para 4 personas)

8 vieiras.
1 cebolla y 3 chalotas
16 cucharadas de cava
Un poco de pan rallado
70 gramos de mantequilla

Abrir las vieiras, separar los medallones y los corales de las conchas y reservarlos.

Poner en una sarten a fuego lento la cebolla y chalotas finamente picadas, y antes de que empiecen a tomar color, echar ocho cucharadas de cava.

Poner en cada concha una pizca de mantequilla, la cebolla con el cava y la carne de la vieira con su coral, volver a poner otro poco de cebolla y una cucharada de cava y espolvorear de pan rallado.

Meter en el horno precalentado a unos 220° C durante 15 minutos, y servir cuando la cobertura esté dorada.

Zurrukutuna

La zurrukutuna es una sopa de ajos ilustrada con bacalao.

En los caserios vascos se preparaba con sopako, pan duro y tostado de panadería, especial para sopas de ajo, y se añadía bacalao, pimientos choriceros secos, ajo y aceite. Previamente se tenía el bacalao durante veinticuatro horas en remojo cambiando el agua varias veces para desalarlo bien.

También se hacía asando el bacalao seco sobre las brasas o en la parrilla hasta que la acción del fuego lo reblandecia, se desmenuzaba en hilachas delgadas y se lavaba bien al chorro de la fuente, para posteriormente escurrirlo bien y soltar los trozos de bacalao.

Es un plato recuperado de la cocina tradicional, que adorna hoy la carta de muchos restaurantes, y tiene sus adeptos.

Otra fórmula, de las muchas que hay, sustituye el pan por patatas finamente cortadas en láminas.

VALORACIÓN NUTRITIVA

Se elabora con mimo en una cazuela de barro, a fuego lento, amorosamente. Agradable, gustosa y sabrosa, es una sopa nutritiva y saludable tanto por el valor del bacalao, como por el del ajo, los pimientos choriceros y el aceite.

Debemos tener cuidado con la sal, puesto que el bacalao siempre puede tener restos de ella.

Zurrukutuna

Ingredientes: (Para 4 personas)

1 pan del día anterior, o 1 pan de pistola
250 gramos de bacalao
3 dientes de ajo
4 pimientos choriceros
1/2 guindilla
4 huevos
Aceite
Sal

Ponemos a desalar el bacalao el día anterior y lo desescamamos.

Limpiamos bien los pimientos choriceros, los ponemos en una cazuela con agua caliente para que hiervan unos 5 minutos, separamos la pulpa de la piel y pasamos la carne por el chino.

Echamos en una cazuela de barro el aceite y cuando esté caliente añadimos los ajos.

Cuando tomen color, echamos el bacalao, partido en cuatro trozos, y removiendo suavemente la cazuela, le extraemos su gelatina, retiramos los trozos de bacalao y los ajos y en ese mismo aceite freímos el pan en cortado en rodajas finas.

Echamos la guindilla, el agua del último desalado del bacalao, la pulpa de los pimientos choriceros, los ajos y el bacalao.

Lo dejamos cocer todo y al cabo de 1/2 hora escalfamos los huevos y lo servimos a la mesa en la misma cazuela.

Huevos

Huevos fritos con picatostes *(página 70)*

Huevos con tomate

Los huevos, en una descripción meramente biológica, tienen forma ovoide, están recubiertos de una cáscara más o menos dura, y contienen el gérmen de vida de un nuevo ser y las sustancias que lo acompañan. Los ponen las hembras de aves, peces, reptiles e insectos, y los fecunda el macho.

Cuando hablamos de **huevos** en términos culinarios, hacemos referencia a los de gallina, que tienen una coloración blanca o tostado-morena, con dos partes perfectamente diferenciadas: la clara y la yema.

La clara es rica en albuminoides, es transparente, y al tratarla con calor se presenta blanca, mientras **la yema** se sitúa en el centro y es de color amarillo oro más o menos intenso.

La raza de las gallinas, su «hábitat», y la forma de alimentarse, son determinantes al valorar la coloración de un huevo, moreno o blanco en su cáscara y de color más o menos intenso en la yema. La valoración gastronómica entre nosotros es favorable a los huevos de color oscuro, mientras que en otros países como Estados Unidos prefieren los de color blanco.

Los huevos, baratos y gustosos, han sido junto con la tortilla de patatas y el pollo, alimentos que en tiempos de crisis que han resuelto innumerables problemas al ama de casa. En este momento su consumo, seguramente por razones atribuibles a la salmonelosis, al cansancio de los consumidores, y a otras formas de comer, está a la baja.

«Por San Antón, huevos a montón», señalaba el refrán para marcar la temporada en que abundaban más, en tiempos de la gallina campera. Hoy, frescos y de calidad, se ofrecen al consumidor profusamente, aunque su consumo disminuye.

Los huevos fritos con tomate son un plato universal, en el que recalamos cuando estamos cansados de tanta sofisticación a la mesa. También se pueden tomar escalfados, en revuelto, en tortilla, con patatas fritas, acompañados de jamón o chorizo, en fin, también solos, son un placer.

VALORACIÓN NUTRITIVA

Los huevos tienen proteínas de gran calidad, bastantes grasas entre las que abundan las saturadas y monoinsaturadas, no tienen carbohidratos ni fibra, por otra parte apenas tienen sodio y presentan mucho hierro, calcio, potasio y fósforo y muchísimas vitaminas, excepto la C, entre las que destacan la A, la D, la B_{12}, la E, y el ácido fólico, en otras palabras, los huevos son una mina de oro vitamínica.

Contienen mucho colesterol, por lo que su consumo se debe controlar por parte de las personas que tienen problemas de lípidos en la sangre. Son un alimento extraordinario para los jóvenes.

El tomate es un buen acompañante sabroso y gustoso, que aporta un poco de vitamina C y mucho placer al plato.

Huevos con tomate

Ingredientes:

8 huevos
1 1/2 kilo de tomate casero
1 cebolla
1/2 cucharadita de azucar
Aceite
Sal

Poner una cazuela con aceite al fuego, añadir la cebolla picada, y cuando empiece a tomar color, echar el tomate troceado y el azucar. Dejar hacer suavemente de 45 minutos a una hora y seguidamente pasarlo por el pasapurés.

Freir los huevos en aceite caliente y se les pone una pizca de sal en la yema después de fritos.

Servir con la salsa de tomate.

Huevos fritos con jamón

Los huevos fritos tienen su técnica pedculiar, que las amas de casa conocen perfectamente. Colocar en el fuego una sartén pequeña y llenar con aceite hasta la mitad. Se abre un huevo en un plato, y cuando empiece a humear el aceite, pasar suavemente el huevo a la sartén, bien con el mismo plato o con una espumadera. Si se utiliza la espumadera, es mejor que ésta sea pequeña, esté muy seca y no tenga rebabas, para evitar que se pegue el huevo a la misma.

Una vez frito el huevo, sacar con la espumadera y pasar a otro recipiente para que escurra el aceite.

Solamente así, fritos en abundante aceite de oliva, abuñuelados y crujientes, con la yema enterrada entre blancas y frágiles puntillas de clara, ofrecen uno de los platos más sencillos, estéticos y cromáticos de nuestra cocina diaria. Una maravilla de placer para comer a golpe de pan.

El jamón, buen acompañante, hay que mantenerlo en un plato con leche, para que no esté salado. Una vez en la sartén, las lonchas de jamón se mantienen no más de diez segundos en el aceite caliente.

VALORACIÓN NUTRITIVA

El huevo, si es a pares mejor, es todo un placer, tiene un gran valor nutritivo y es rico en todo menos en hidratos de carbono.

El jamón, carne curada de la pierna del cerdo, Serrano, de trévelez, de Teruel, Ibéricoo, o simplemente del País, es un alimento calórico, rico en grasas, colesterol, hierro, fósforo, potasio, y con frecuencia sodio según el punto de curación y salado que tenga. Un gran alimento, sobre todo para los más jóvenes.

Huevos fritos con jamón

Ingredientes:

8 lonchas de jamón
8 huevos
Aceite de oliva

Poner el aceite en una sartén y llevar al fuego. Cuando esté caliente, freímos los huevos y en el mismo aceite freímos el jamón vuelta y vuelta.

Huevos fritos con panceta

El conjunto de este plato compone una delicia gastronómica de nuestros caseríos, en los que a las diez u once de la mañana, se hace una parada en el trabajo para comer el «amarratako» o «amaiketako», especie de rito culinario que se acompaña de diversas partes anatómicas del cerdo casero

Huevos rellenos *(página 71)*

curado, y los inevitables y siempre incomparables huevos fritos.

La panceta o tocino entreverado, es la parte que procede de las paredes musculares del vientre del cerdo, formada por grasa y algunas vetas de carne. El «bacon», es una variante y corresponde a la carne del costillar.

VALORACIÓN NUTRITIVA

Como siempre, **los huevos** son un valor nutricional rico en muchos elementos, grasas saturadas y colesterol.

La panceta, es muy energética (470 calorías por cada 100 gramos), abundante en grasas saturadas, aunque también tiene una buena cantidad de monoinsaturadas como el aceite de oliva, bastante colesterol, y muchísimo sodio. Un placer palatial que exige equilibrio.

El conjunto de huevos fritos y panceta aporta muchas grasas que habrían de quemarse con el trabajo en el campo. El coche a la puerta de casa, versión moderna del hombre del tercer milenio, no facilita el gasto energético de un plato tan sencillo, pero tan complejo. Mucho cuidado.

Huevos fritos con panceta

Ingredientes:

8 huevos
16 lonchas de panceta
Aceite

Se ponen tres gotas de aceite en una sartén y se fríe la panceta a fuego medio. Se sacan a una fuente y en esa sartén se añade un poco más de aceite, y se fríen los huevos.

Servir los huevos junto con la panceta.

Huevos fritos con picatostes

En esta ocasión, **los huevos** fritos, delicia del paladar, comida sencilla y exquisita se acompañan de unos picatostes, que no son otra cosa que unos cubitos de pan frito en buen aceite de oliva.

Siempre fácil, y sin problemas, al alcance de cualquier cocinero doméstico o aficionado, este plato representa el reposo del guerrero al que apetece llegar después de comidas más complejas y sofisticadas. Se puede acompañar también de chorizo, jamón o tomate frito en rodajas, y es uno de los platos preferido sde nuestro cocinero universal: Juan Mari Arzak. Así de fácil.

VALORACIÓN NUTRITIVA

Huevos y **pan frito**, un conjunto nutritivo y agradable de tomar. Además las frituras son pura dieta mediterránea, bien sea de pan, pescado u otro alimento, incluso empapado en leche.

Para cualquiera, sin pasarse, por aquello del colesterol, porque una yema contiene casi 300 mg., la dosis diaria recomendable. Si hay equilibrio, es un plato muy saludable.

Huevos fritos con picatostes

Ingredientes:

8 huevos
16 rodajas de pan
Aceite y sal

Poner una sartén con aceite en el fuego, cuando esté caliente, se fríen los huevos. Seguidamente se fríe el pan. Salar ligeramente los huevos.

Huevos rellenos

Las virtudes gustativas de los huevos se concretan en rimas y refranes de gran sencillez. Algunos recogen incluso sus características dietéticas, gastronómicas y culinarias, de esta forma:

«Tras el huevo, blando o duro, vino puro.»

«Los huevos, las frutas y las legumbres no dan más que pesadumbre.»

«Huevos solos, mil majares para todos.»

«Huevos sin sal, no hacen ni bien ni mal al paladar.»

«El huevo por la yema y la mujer, por fuera se les aprecia.»

Los **huevos cocidos rellenos** sustentan una cocina espontánea tan sencilla como interesante y seductora. Siempre exquisitos y frágiles, ocupan una posición fundamental en el mundo básico de los cimientos de la cocina. Son fáciles de preparar, y con ellos está garantizado el éxito.

VALORACIÓN NUTRITIVA

Avicena, el más famoso doctor de medicina árabe, prefería **los huevos cocidos** o escalfados, y los consideraba un eficaz reconstituyente aunque se tomasen en pequeña cantidad, y como decimos en otro punto de este capítulo, son una verdadera mina de oro.

Los huevos rellenos con bonito y ketchup, componen un plato gustoso sobre todo para los jóvenes. **El bonito** es un buen alimento rico proteínas y grasas saludables, mientras **el ketchup** es un condimento elaborado a base de tomate, azúcar, vinagre y especias, que se utiliza como salsa fría.

Como en este plato el relleno lo conforman leche, harina de trigo, mantequilla, y mayonesa, el plato final es gustoso, para organismos saludables.

Huevos rellenos

Ingredientes

8 huevos
2 cucharadas de ketchup
250 gramos de bonito en aceite
2 cucharadas de mayonesa
1/2 litro de leche
2 cucharadas de harina
50 gramos de mantequilla
Sal

Se cuecen los huevos, se dejan enfriar, se pelan y parten por la mitad a lo largo, y se retiran las yemas.

En un bol ponemos el bonito desecho en migas pequeñas, añadimos las cucharadas de ketchup, la mayonesa, y las yemas deshechas. Mezclamos todo bien hasta que quede una masa fina.

Ponemos los huevos ya rellenos con esta pasta en una bandeja.

Preparamos la bechamel con la harina, la leche y la mantequilla procurando que quede ligera, cubrimos con la salsa bechamel los huevos y los metemos al horno a gratinar.

Revuelto de ajos tiernos

Los revueltos atraen por su sencillez y son algo diferente a las tortillas aunque la línea es similar, en este caso falta la compostura de las patatas. Los revueltos «viudos», apenas llevan unas hierbas aromáticas, aunque lo más frecuente es incorporar gambas, chorizo, jamón, setas o verduras.

Salvo los huevos, los acompañantes deben estar previamente hechos: las setas salteadas, las gambas cocidas, las verduras guisadas o salteadas, y únicamente se salvan del tratamiento previo los alimentos terminados como los embutidos y el jamón.

La mezcla debe ser homogénea y jugosa, y su preparación exige de buen gusto y una paciencia meticulosa. Los huevos deben batirse poco, con una pizca de sal, evitando la formación de espuma.

Tres cuestiones importantes a tener en cuenta en la preparación de este plato aparentemente fácil: el punto de coagulación de los huevos, la proporción de éstos, y la incorporación de los ingredientes, sin olvidar que el tipo de grasa es fundamental.

Como siempre, **el aceite de oliva** es la mejor elección, aunque algunos dan un toque de untuosidad a la mezcla añadiendo un pellizco de mantequilla o una chorretada de nata. Cuestión de gustos.

El ajo es un bulbo redondeado, marcado con diversas costillas que corresponden a otros tantos bulbillos blanco amarillentos. Se recoge fresco y huele menos que los bulbos y dientes secos.

El ajo seco es un condimiento muy arraigado en todos los rincones de España, y forma parte integrante de muy diversos platos.

VALORACIÓN NUTRITIVA

Nuevamente **los huevos**, ahora batidos, son estrella de este plato casero, que no falta en restaurantes y fondas.

Los ajos tiernos, de recogida reciente o seguramente en conserva, son carminativos, antiespasmódicos, antisépticos y actúan eficazmente contra la hipertensión evitando la arteriosclerosis.

Un plato para todos.

Revuelto de ajos tiernos

Ingredientes:

8 huevos
300 gramos de ajos tiernos
2 chalotas pequeñas
Aceite
Sal

Se pone al fuego suave una sartén con un poco de aceite. Cuando se temple, se ponen las chalotas muy picadas y se deja que pochen 2 o 3 minutos.

Tortilla francesa *(página 76)*

A continuación se echan los ajos pelados, limpios y troceados y se dejan con la chalota unos 4 o 5 minutos.

Trancurridos éstos, se sube un poco el fuego y se añaden los huevos batidos, sazonados con sal. Se revuelve bien, procurando quede jugoso para servirlos rápidamente.

Tortilla de miga de pan

Es una tortilla de tiempos pobres, que se hacía cuando había poca comida. Garbiñe ha comido tortilla de pan, a la que añadía lo que hubiera en casa: ajo, tomate, etc. Un placer

Actualmente se hace en las casas en las que se valora la cocina caprichosa, la de hacer «aquello que se hizo», como recuerdo vivo de otros tiempos.

VALORACIÓN NUTRITIVA

Como venimos diciendo, los **huevos batidos** son un gran alimento, que la sabiduría casera hace acompañar de los hidratos de carbono que contiene el pan, el aceite de oliva, siempre saludable, y ajos o tomate como aportación culinaria de la huerta.

En conjunto, un plato nutritivo, apto para todos, y suficientemente compensado en proteínas, grasas e hidratos de carbono. Sin contraindicaciones.

Tortilla de miga de pan

Ingredientes:

8 huevos

300 g de miga de pan

4 cucharadas de salsa de tomate o 4 dientes de ajo pequeños

Se baten dos huevos. Se pone aceite en una sartén, cuando esté caliente se vierte la cuarta parte de la miga de pan y una cucharada de tomate o un diente de ajo muy picado. Se rehoga todo y lo echamos en el plato donde están los dos huevos batidos.

Lo dejamos un rato para que se empape bien el pan.

Hacer la masa para las otras tres tortillas siguiendo el mismo procedimiento.

Poner nuevamente la sartén con aceite al fuego y cuajar las tortillas, cuidando que queden jugosas.

Tortilla de patatas y cebolla

Redondas o alargadas, de patatas y cebolla o complementadas de otros ricos aditamentos como ajo, bonito, jamón, calabacín, guisantes, tomate, etc., con mil matices y variantes, las suculentas **tortillas de patatas** ocupan un lugar privilegiado en la singular cocina vasca, en el amaiketako vasco, y al mediodía o por la noche como base de un menú desenfadado.

Hacer bien una tortilla exige «mano» y dominio de la cocina, aunque no tiene secreto para las amas de casa y cocineros, con una salvedad: aunque aparentemente sean iguales, todas las tortillas son distintas y saben diferente.

Primer requisito, disponer de un recipiente adecuado como el que utilizaban las cocineras antiguamente para hacer tortillas, una sartén de hierro colado, de fondo grueso y plano. No debe mojarse con agua, y debemos limpiarla con sal gorda y papel de estraza haciendo movimientos circulares, y luego, repasarla con un trapo limpio humedecido en aceite. Las sartenes antiadherentes modernas también pueden encajar perfectamente en el trabajo.

En segundo término, se debe preparar una tortilla asequible en tamaño, para 2, 4 personas o a lo sumo 6 comensales, porque las «megatortillas» corren el riesgo de quebrarse y de quedar amazacotadas por la dificultad de conseguir el punto adecuado.

La tercera exigencia pide que los huevos no se batan mucho, más bien lo justo para que se mezclen yemas y claras, evitando la espuma que resta jugosidad.

Como cuarta regla, no salar los huevos hasta el último momento porque el cloruro sódico o sal de mesa deja un color poco vistoso.

La quinta premisa es fundamental, añadir un chorrito de aceite de oliva formando una película muy fina y cuando comience a humear, se incorpora la mezcla.

Previamente, las patatas «recocidas» en aceite a fuego lento, solas o con cebolla o ajo, según gustos, se escurren y mezclan con los huevos batidos antes de incorporarlos a la sartén. El equilibrio recomendable se puede conseguir con cinco huevos por cada tres cuartos de kilo de patatas.

Antes darle la vuelta, la tortilla debe quedar suelta en la sartén, y con la ayuda de un plato se invierte su posición, se aumenta la fuerza del fuego para que se dore rápidamente por la otra cara, y se retira enseguida, dejándola en una fuente tapada durante unos minutos.

VALORACIÓN NUTRITIVA

Sencillez y placer en la mesa. Además, la **tortilla de patatas** une la riqueza del huevo, el valor hidrocarbonado de las patatas y la sanísima cebolla. La pueden comer todos.

Tortilla de patatas y cebolla

Ingredientes:

6 huevos
4 patatas hermosas
1 cebolla
Aceite
Sal

Se pelan, se lavan, se secan bien las patatas, y se parten en trozos finos.

Hacer lo mismo con la cebolla.

Poner una sarten al fuego con aceite hasta que cubra la tercera parte de su capacidad.

Cuando el aceite esté caliente, echar las patatas con la cebolla, y dejar que se hagan a fuego medio-alto, procurando que no queden ni muy cocidas ni muy tostadas, y salarlas.

Batir los huevos, y echarles un poco de sal, añadir las patatas a los huevos batidos y mezclarlo todo bien. Dejar reposar un poco.

Poner la sartén con una fina película de

aceite al fuego y cuando esté caliente echar la mezcla de las patatas con los huevos.

Cuando haya cuajado la tortilla por abajo, darla la vuelta con cuidado y con la ayuda de un plato, aumentar un poco el fuego y dejarla que se haga por el otro lado rápidamente, cuidando de que quede jugosa.

Tortilla francesa

La **tortilla francesa** o a la francesa, ocupa un lugar importante en la suculencia de la gran cocina del huevo.

Es una tortilla fácil, de todos los días, que se convierte en importante para muchas personas que hacen régimen de adelgazamiento.

Una vez batidos los huevos, hasta que estén algo coagulados, se vierten en la sartén caliente, y se imprime a ésta un suave movimiento de vaivén, en el que la tortilla se desliza sobre el fondo, indicio de que está casi hecha, e instante propicio para doblarla en tres pliegues, justo cuando está jugosa y semilíquida interiormente. También es el momento adecuado para incorporar algún relleno (jamón, chorizo, espárragos, bonito, etc.) guisado con anterioridad si fuera necesario.

VALORACIÓN NUTRITIVA

De las cualidades nutricionales del **huevo**, ya se ha dicho todo. Es junto con la leche un patrón alimentario poco energético, rico en grasas y colesterol en su yema, y tiene sodio, potasio y fósforo.

Contiene todas las vitaminas menos la C, y sus valores en vitamina A, D y ácido fólico son altos.

El **aceite de oliva** utilizado en la fritura es una maravilla para el paladar y la salud, componiendo ambos, huevo y aceite, un conjunto perfecto.

La tortilla francesa es un plato adecuado para todos, pero como siempre, sin abusar.

Tortilla francesa

Ingredientes:

8 huevos

Aceite

Sal

Se baten dos huevos con un poco de sal.

En una sartén ponemos tres gotas de aceite y la llevamos al fuego, cuando esté caliente echamos los huevos, removemos con un tenedor un poco y dejamos que cuaje.

Cuando está casi cuajada la vamos envolviendo con el tenedor y pasamos la tortilla al plato.

Hacemos las otras tres tortillas de la misma forma.

Pescados

Bacalao al pil pil *(página 95)*

Almejas en salsa verde

La almeja es un molusco que habita en los fondos de arena y grava en la zona de las mareas, de su concha, cuando está enterrada, sobresale un sifón para respirar y otro para dar salida a los desechos y a los productos sexuales.

El nombre vasco de «txirla» aplicado a la almeja fina o *Venerupis Decussata* puede dar lugar a confusiones con el nombre de chirla de la nomenclatura castellana, que se refiere a la *Venus Gallina*, de menor calidad gastronómica.

Se distinguen dos tamaños en Euskadi, las de tamaño grande a la que se llama almejas, y las pequeñas o «txirlas». Su cuerpo se protege por una concha constituida por dos valvas semejantes entrecruzadas por estrías radiales, de coloración grisácea o amarillenta con manchas negruzcas.

Para cocinarlas es preciso lavar bien las conchas con agua fría, restregándolas unas con otras, dejándolas en agua salada por unas horas para que se purguen y eliminen la arena, el fango y los diversos microorganismos que pudieran resultar perjudiciales.

Las almejas en salsa verde llevan ajo y perejil, mientras las almejas «a la marinera» pueden ser las mismas que en salsa verde, o de apariencia rojiza con el concurso de pimentón y en ocasiones también de la salsa de tomate.

VALORACIÓN NUTRITIVA

Las almejas en salsa verde son un plato con un colorido precioso aportado por el perejil y la delicadeza del aceite virgen de oliva. Presenta una sinfonía de sabores, aporta gran cantidad de vitaminas sobre todo la C, añade los compuestos sulfurados de la cebolla y la salud que proporciona el aceite de oliva. Es un plato gustoso y recomendado para todos.

Almejas en salsa verde

Ingredientes: (Para 4 personas)

1 kilo de almejas
5 dientes de ajo
Aceite de oliva de 0,8 grados
1 cucharada de perejil picado
1 pizca de pan rallado
3 cucharadas de vino blanco

Poner el aceite en una cazuela de barro, y llevarla al fuego. Cuando el aceite se temple echamos los ajos muy picados, las almejas (que previamente hemos limpiado bien), y un poco de pan rallado.

Mover todo bien y añadir el vino blanco y el perejil. Cuando se abran meneamos todo unos 2 o 3 minutos y servimos.

Anchoas (antxoas)a la cazuela con cebolla

La anchoa (antxoa) es un pescado azul cuya temporada va de abril a julio, cuando se acerca a nuestras costas en esa época para desovar.

Las huevas arrastradas por la corriente a alta mar, vuelven tras el período larvario a las playas en otoño, convertidas en pequeñas anchoas. Son los momentos óptimos de pesca en el País Vasco.

La culinaria de éste cupléido es extraordinaria en la cocina vasca, tanto como el aprecio de que gozan éstos pequeños peces, que se condimentan de muy diversas formas: simplemente fritas con abundante ajo (seguramente la forma más apreciada); abiertas, retirada la espina central, albardadas con harina y huevo, y luego fritas; al pil-pil, salteadas en una cazuela con aceite y ajos; en revuelto, especialmente las pequeñas otoñales, una vez limpias, sin retirarles la espina revueltas con huevo batido; a la marinera, guisadas en cazuela con aceite, ajo, cebolla, vinagre, txakolí, perejil y sal; y otras en vinagre, en salazón, o en papillote.

La fórmula que aquí se presenta, lleva la variante que incorpora cebolla y pimentón dulce, y componen junto con estos riquisimos pescados, un conjunto atractivo y bastante original.

VALORACIÓN NUTRITIVA

La anchoa (antxoa) tiene pocos glúcidos, muchos prótidos y presenta grasas abundantes procedentes tanto del pescado, como del aceite de oliva de la fritura, que unifican todos los beneficios de los pescados azules (poliinsaturados y Omega-3 que benefician al corazón), y los de nuestra grasa de oro, el **aceite de oliva**, (monoinsaturados beneficiosos contra el colesterol).

La cebolla diurética y estimulante de los metabolismos, redondea la composición de este afortunado plato.

Con este plato han de tener cuidado los obesos, ya que reúne muchas grasas. Es recomendable consumirlo con prudencia.

Anchoas (antxoas) a la cazuela con cebolla

Ingredientes (Para 4 personas)

800 gramos de anchoas (antxoas) medianas
3 cebollas
2 cucharitas de café de pimentón dulce
Aceite y sal

Se ponen en una cazuela honda de barro, el aceite y las cebollas picadas, todo en crudo. Se lleva la cazuela al fuego, y se deja que se hagan suavemente.

Se limpian las antxoas y se les quitan las cabezas y las espinas; se echan en la cazuela y se les añade un poco de sal.

Espolvorear con pimentón, tapar la cazuela y dejar que se hagan unos 10 minutos. Dejar reposar un poco, tapadas, antes de servir.

Anchoas (antxoas) a la marinera

Una composición que se prepara en numerosos restaurantes, sociedades gastronómicas, «txokos», y casas del País Vasco. Ofrecemos una de las variantes de este riquísimo plato.

VALORACIÓN NUTRITIVA

Sirve, en términos generales, cuanto se ha dicho en otros platos para preparados similares.

Almejas en salsa verde *(página 79)*

Anchoas (antxoas) a la marinera

Ingredientes: (Para 4 personas)

1 kilo de anchoas (antxoas) frescas
2 decilitros de aceite
Vino blanco, pan rallado
Vinagre, ajo, perejil
Sal

Limpiar las anchoas (antxoas) , quitándoles las tripas y las cabezas, sazonarlas y dejarlas escurrir.

Picar el ajo y el perejil y ponerlos en una cazuela de barro con aceite a fuego vivo. Incorporar las anchoas (antxoas) cuando empiece a dorarse el ajo y freirlas.

Antes de que estén completamente hechas, añadir una chorretada de vinagre y de vino blanco y sal al gusto.

Bajar el fuego y dejar que se hagan 5 minutos más. Espolvorear con pan rallado, y servir.

Anchoas (antxoas) al txacolí

Plato tradicional de la cocina Vasca, en el que la composición lleva más o menos lo que otras preparaciones similares y con el añadido del txakolí, el vino vasco por excelencia.

VALORACIÓN NUTRITIVA

Todo es placer y salud en este plato, que se adorna con un txakolí del año.

Anchoas (antxoas) al txacolí

Ingredientes: (Para 4 personas)

1 kilo de anchoas (anyxoas) frescas
1 vaso de txakolí
3 cebollas, 4 dientes de ajo
Perejil, aceite, sal
Pan rallado

Quitar la cabeza y las tripas de las anchoas, limpiarlas con agua fría, secarlas con un paño y sazonarlas.

Poner a fuego lento una cazuela de barro con el aceite, las cebollas y los ajos picados en juliana.

Cuando la cebolla empiece a tomar color, se reserva la mitad en un plato y se van poniendo las anchoas encima de la cebolla que queda en la cazuela.

Cuando hemos colocado todas las anchoas, las cubrimos con la cebolla que hemos reservado.

Añadimos el perejil picado, el pan rallado, el vasito de txakolí, y lo llevamos al horno unos 10 minutos antes de servirlo.

Anchoas (antxoas) en papillote

Preparación típica de San Sebastián y en ella, con respecto a otras formas de prepararlas, se añade una pizca de mantequilla.

VALORACIÓN NUTRITIVA

Con respecto a **las anchoas** es válido

cuanto se dice para ellas en otras preparaciones similares.

La mantequilla aporta grasas saturadas, asi que deben cuidar su consumo, todas aquellas personas que tienen problemas de lípidos en la sangre.

Anchoas (antxoas) en papillote

Ingredientes: (Para 4 personas)

1 kilo de anchoas (antxoas) frescas
2 cebollas grandes
2 dientes de ajos
1 vaso de vino blanco
Mantequilla
Aceite de oliva
Sal

Poner a fuego lento una sartén con aceite y la cebolla picada muy fina. Cuando la cebolla comience a ponerse dorada, dar el punto de sal.

En una bandeja de horno poner una hoja de papel de aluminio doblada por la mitad y untada en aceite.

Cubrir la mitad del papel de aluminio con las anchoas abiertas y sin espinas, y sazonarlas con sal.

Rociar todo con un poco de aceite y añadir la mantequilla cortada en trocitos.

Cerrar bien con la otra mitad del papel de aluminio para que no escapen los jugos.

Meter al horno fuerte unos 4 minutos, y llevarlo muy caliente a la mesa, rompiendo el papel de aluminio sobre un recipiente en el mismo momento de servirlo.

Anchoas (antxoas) fritas

Este plato de anchoas (antxoas) es un plato extraordinariamente sencillo, muy típico de la cocina vasca, para el que vale cuanto se dice en los otros preparados de anchoas de diferentes formas, en este caso con el añadido del aceite de oliva y los ajos.

VALORACIÓN NUTRITIVA

Las anchoas, (antxoas) como pescado azul que son, y **el aceite de oliva**, grasa maravillosa para la salud, adornan y enriquecen este plato que está perfectamente recomendado para todos, pero sin pasarse.

Anchoas (antxoas) fritas

Ingredientes: (Para 4 personas)

4 docenas de anchoas (antxoas) frescas
Aceite
Harina, huevo
Sal fina

Destripar y quitar las cabezas de las anchoas (antxoas) , pero dejándolas enteras.

Lavarlas bien bajo el chorro de agua y dejarlas escurrir sobre un trapo limpio.

Salarlas y pasar por el huevo batido y harina, sacudiéndolas bien para que se desprenda el sobrante.

Puestas en la sartén sobre fuego vivo, las freiremos en abundante aceite caliente, sirviéndolas recién hechas.

Anchoas (antxoas) fritas con pimientos verdes

La anchoa, bocarte o bokartia, es uno de los peces más abudantes y apreciados de nuestras costas, de importancia primordial para el pescador, y completamente integrado en nuestra cocina.

Se pesca con preferencia en primavera aunque a veces se hacen grandes capturas en otras épocas del año. Su abundancia hace que este pez fino, gustoso y grato al paladar, a veces no sea lo suficientemente apreciado.

Una vez abiertas y limpias, eliminadas las espinasy las cabezas y enharinadas, se rebozan en huevo y se frien a fuego .

Junto a los **pimientos verdes** de nuestras huertas de Gernika, Munguía, Txorierri, etc., componen un entrante de ricos contrastes y matices que lo elevan a la categoría de plato exquisito, bien apreciado por los gastrónomos.

VALORACIÓN NUTRITIVA

Las anchoas (antxoas) constituyen un plato sano, abudante y nutritivo. Los beneficios del pescado azul están comprobados en la prevención de las enfermedades cardiovasculares, y junto con **los pimientos,** ricos en vitaminas y minerales, dan como resultado final una sinfonía culinaria de placer y salud.

Anchoas fritas (antxoas) con pimientos verdes

Ingredientes: (Para 4 personas)

1/2 kilo de anchoas (antxoas)
2 huevos
Harina, aceite, sal
Pimientos verdes

Quitamos las tripas, cabezas y espinas a las anchoas, las abrimos a lo largo, las ponemos un poco de sal, las rebozamos con harina y huevo, las freímos en aceite bien caliente, vuelta y vuelta.

Freímos aparte los pimientos y los servimos junto con las anchoas.

Anguila en salsa verde

La anguila, por su forma cilíndrica, dorso negruzco y vientre plateado con la cabeza pequeña y picuda, se asemeja a una víbora marina, gelatinosa y escurridiza.

Pez teleósteo de la familia de los anguílidos, de forma alargada parecida a la del congrio, es un pescado azul, cuya temporada desarrolla entre noviembre y abril, y sus crías, las angulas, de diciembre a mayo.

Las anguilas bajan de los ríos después de alcanzar la madurez sexual y van a desovar al Mar de los Sargazos, en pleno corazón del Oceáno Atlantico, a miles de kilometros de las costas europeas.

Las larvas arrastradas por la corriente del Golfo (*Gulf-Stream*), llegan a las costas europeas a principios de otoño, transformadas en angulas y con tres años de vida, alcanzando los estuarios de los ríos de donde partieron un día sus progenitores.

La anguila es una pescado azul extremadamente graso, y muy apreciado desde la antigüedad como atestiguan escritos de autores griegos y romanos. En la Edad Media se la consideraba un bocado delicioso, y actualmente goza de prestigio culinario en los paises centroeuropeos, y en zonas concretas de Levante y Galicia.

Los aldeanos de las riberas del Arga, las capturaban al haber alcanzado la madurez sexual aprovechando las riadas de otoño, y abundaban en el Bidasoa aunque su consumo ha sido siempre escaso.

En la Ribera tudelana hacen un plato excelente a base de espárragos, alcachofas y guisantes frescos, en salsa verde. Son típicas en Tudela las pochas con anguila que se toman en especial, el día 26 de julio, festividad de Santa Ana, y se sirven a la marinera de anguila del Bidasoa.

La salsa verde que acompaña a éste pescado, a base de aceite, ajo y perejil, es una maravilla para el paladar y lo complementa perfectamente.

VALORACIÓN NUTRITIVA

La anguila es seguramente el pescado más rico en grasas, hasta el 25%, también tiene bastantes proteínas, mucho potasio y fósforo, y cantidades bastante elevadas de vitamina A.

Sus 140 mg. de colesterol por cada 100 gramos sitúan a éste capricho gastronómico en un lugar de cuarentena, a pesar de que también tiene grasas benéficas. Aporta unas 280 calorías por cada100 gramos, cuatro veces más que la merluza o el salmón.

La salsa verde, típica de la cocina vasca para los pescados, es una emulsión de aceite, agua, caldo o el jugo del alimento, ajo ligeramente frito y perejil, el cual le da el color verde caracteristico.

La receta en conjunto es favorable, con precauciones, para obesos, hipertensos y personas con el nivel de colesterol alto.

Anguila en salsa verde

Ingredientes (Para 4 personas)

2 anguilas de 1/2 kilo cada una
3 dientes de ajo
1/2 cebolla
Harina
Aceite y sal
Perejil picado
1 lata pequeña de guisantes finos
1 cacillo de agua

Lavar y quitar la piel a las anguilas y cortarlas en trozos un poco gruesos. Salar los trozos y pasarlos ligeramente por harina.

Poner una sartén a fuego fuerte con aceite y echar los trozos de anguilas, dejando que se frían ligeramente. Cuando estén sofritas, se van poniendo en una cazuela de barro.

Se pone a fuego suave una sartén con aceite, echamos los ajos pelados, dejamos que se frían un poco y añadimos la cebolla picada fina. Cuando empiece a tomar color, se le añade una cucharada rasa de harina, se remueve todo bien, se le añade un cacillo de agua y se deja cocer todo unos 15 minutos.

Seguidamente, se pasa el contenido de la sartén por el chino y se vierte en la cazuela de barro, por encima de las anguilas. Se añaden los guisantes y si hace falta se le añade un poco más de agua.

Se espolvorea todo con perejil picado y se deja hervir 15 minutos, removiendo la cazuela suavemente.

Angulas a la bilbaína

Las angulas comienzan a llegar a las costas del Golfo de Vizcaya hacia octubre o noviembre.

Llegan a la desembocadura de los ríos, donde les aguardan los pescadores, los anguleros, que mediante finos cedazos las capturan durante la noche atraídas por la luz de un farol. Esta llegada suele durar hasta comienzos de la primavera siguiendo las fluctuaciones y las fases de la luna.

Si bien existen angulas en todas las costas europeas, han sido los vascos el único pueblo que las ha preparado y consumido con verdadero deleite, y hoy se ha propagado su consumo a todas las regiones españolas.

Al parecer, la historia de las angulas como plato exquisito nació a principios del siglo actual gracias a un padre franciscano que desarrolló el arte de pescarlas con un cedazo y a la idea de su madre de matarlas con tabaco, datos que posiblemente pertenezcan a la pequeña tradición vasca de la cocina singular.

Las angulas, cuando llegan a nuestras rías desde el Mar de los Sargazos, tienen unos tres o cuatro años de vida, tanto como un toro de lidia. ¡Quién lo diría, referido a animalitos tan pequeños!

La angula es la cría de la anguila una vez que la larva o leptocéfalo ha adoptado la forma de pez. Las angulas transparentes que quedan blancas al cocerlas, son las recién llegadas a los ríos, mientras las de lomo negro o angulas negras son las que ya han entrado en contacto con el agua dulce de los ríos, o que han pasado unos días en los viveros.

VALORACIÓN NUTRITIVA

Las angulas tienen muchos atractivos como pescado azul rico en grasas muy saludables, y por los misterios que su vida ha escondido durante siglos.

El acompañamiento del **aceite de oliva virgen** y de los **ajos**, es perfecto para completar sus cualidades, componiendo, en conjunto armónico, otra maravilla singular de la cocina vasca.

Angulas a la bilbaína

Ingredientes:
(Para 4 personas)

400 gramos de angulas
4 dientes de ajo
1 guindilla
Aceite de oliva

Poner una cazuela de barro con un poco de aceite y los ajos partidos en láminas, a fuego medio-fuerte.

Cuando empiecen a tomar color los ajos, añadir las angulas y la guindilla cortada en anillas.

Remover todo un poco (como un minuto) y servirlas en 4 cazuelitas calientes.

Bacalao al Club Ranero *(página 94)*

Atún con cebolla

El atún o cimarrón (egalabur, atuna o zimarrón en euskera), es un túnido que alcanza tamaños mayores que sus congéneres la albacora y el bonito, tiene la aleta pectoral corta y la carne roja.

Es un pescado azul, cuya temporada de pesca discurre de junio a octubre, cuando los atúnes arrastrados por misteriosas leyes biológicas se dirigen al Mediterráneo Oriental, mientras que los rojos llegan hasta el Estrecho de Messina donde concluye el viaje de bodas para esta especie migratoria, los atúnes de carne blanca quedan en el mismo Golfo de Cádiz y se reúnen en diferentes lugares del Atlántico en busca de alimentos.

Los atúnes blancos, albacoras o **bonito del norte**, se concentran más tarde en el Golfo de Bizkaia donde se capturan con profusión si la temporada viene bien.

El atún, pez de carne roja y grasienta recibió el nombre de «buey de los cartujos», por su similitud con la carne de ganado mayor, y posiblemente por su utilización cuaresmal piadosa.

En términos generales, la carne de atún, es oscura, grasa, de intenso olor y sabor, apta para la plancha y el asado a la parrilla acompañado de salsas diversas, muy apropiada en cazuela con tomate, con fritada de pimientos, cebolla y tomate, y en escabeche.

La ijada, mendreska o ventresca, la parte ventral abierta una vez eviscerados los pescados, es especialmente apreciada en el País Vasco, en especial la del bonito, aunque también la de los gádidos, merlúcidos, y serránidos como el mero y la cherna , y recibe otro destino culinario, generalmente asada al horno.

La cebolla y **el aceite de oliva**, complementan un compendio de maravillosos sabores con los que se condimenta este plato.

VALORACIÓN NUTRITIVA

El atún es un pescado muy completo del que se puede decir que es rico en todo.

Apenas tiene un 50% de desperdicio, contiene un 23% de proteínas, mucha grasa de pescado azul, y que por lo tanto es muy rica en ácidos grasos poliinsaturados (Omega-3), los cuales son muy beneficiosos para el buen funcionamiento cardiovascular, ya que regulan las tasas de colesterol y triglicéridos en la sangre.

Tiene mucho calcio, potasio, fósforo, iodo y zinc y un poco sodio, presenta buenas cantidades de vitaminas sobre todo vitaminas A y D, y montón de calorías, tantas como 200 por cada 100 g.

La cebolla, cargada de virtudes salutíferas termina de completar un plato estupendo, bastante contundente por la riqueza del atún, pero que sin embargo pueden tomarlo todos, aunque quienes tengan el estómago delicado deben regular las cantidades.

Atún con cebolla

Ingredientes (Para 4 personas)

4 rodajas de atún de 1/4 de kilo o 2 rodajas de 1/2 kilo
4 cebollas
Aceite
Sal

Poner aceite en una cazuela de barro y llevarla al fuego, echar la cebolla finamente picada, y dejar que se haga a fuego muy suave.

Mientras tanto, limpiar las rodajas de atún de espinas y piel, y echarles un poco de sal.

Cuando la cebolla esté un poco dorada, se colocan encima las rodajas de atún, se dejan cocer unos 5 minutos y se les da la vuelta para que se hagan por el otro lado, otros cinco minutos.

Se sirven calientes en la misma cazuela.

Bacalao a la bilbaína

Es otra receta de las múltiples que la cocina vasca, y sobre todo la bizkaína, han hecho llegar a las mesas de la cocina de nuestra tierra.

En el «botxo» se prepara este plato después de remojar el bacalao a temperatura ambiente en invierno y en el frigorífico en época veraniega o calurosa para evitar que se descomponga, acompañando la receta con pimientos morrones, ajo, guindilla y buen aceite de oliva.

En realidad, es un pil-pil bien acompañado.

VALORACIÓN NUTRITIVA

Como venimos diciendo, **el bacalao** es un gran alimento y en esta ocasión se acompaña como siempre del **aceite de oliva**, que tan bien le va y de los **pimientos** ricos en vitaminas, sobre todo C, y capsaicina.

Este es un plato fuerte, saludable para personas sanas, y que, por otra parte, deben tomar con cautela los hipertensos y las personas con estómago débil.

Bacalao a la bilbaína

Ingredientes: (Para 4 personas)

4 tajadas de bacalao de 250 gramos cada una
Aceite de oliva de 1 grado
6 pimientos morrones
3 ajos
1 guindilla cortada en aros
Una pizca de azúcar

Se asan los pimientos a la brasa o en el horno, se pelan, se despepitan con cuidado y se parten en tiras.

Los ponemos en una cazuela junto con los ajos y el azúcar y dejamos que cuezan suavemente unos 10 minutos.

Preparamos el bacalao como en la receta de bacalao al pil pil (ver receta), y una vez hecho, se le añaden los pimientos arreglados por encima y unos aros de guindilla.

Bacalao a la Busturiana

Esta receta de bacalao es un plato destacado de la cocina vizcaina del bacalao y tiene un siglo o algo más de vida.

La receta se debe a Marcelina Elesgaray, una *neska* que trabajaba en la cocina de una taberna de la plaza de Uribitarte, frente al Ayuntamiento y junto a la ría, a la que acudían gentes de «buen saque», y hacían grandes elogios de aquella cocinera a la que llamaron la Busturiana.

Y allí es donde la Busturiana inventó el bacalao que lleva su nombre, que preparaba todos los días con manos de ángel.

Luego, conoció al que sería su marido, que trabajaba en los almacenes de bacalao de Hijos de Pedro Basterra, y ya casados, se establecieron por su cuenta y abrieron un restaurante en la calle Hernani, el restaurante «La Busturiana», que tardó poco en ser uno de los templos del buen comer del bocho, sobre todo en lo que se refiere al bacalao.

La fama fué tan grande, que los bilbaínos de la época que vivían fuera de su querido Bilbao, solicitaban cazuelas de bacalao para enviarlas por tren a San Sebastián, Vitoria, Pamplona, y a Madrid, Barcelona, Sevilla... y Paris.

También enviaba su «bacalao a la Busturiana» al Palacio de la Magdalena, en Santander, y a la residencia real de San Sebastián, para colmar de placer los paladares de la familia reinante.

El conjunto del bacalao, ajo, perejil, guisantes y espárragos, con la novedad de la yemas de huevo, el caldo de gallina, algunas verduras y el inevitable aceite de oliva, hacen de esta forma de preparar el bacalao un plato diferente, gustoso y atractivo.

VALORACIÓN NUTRITIVA

El bacalao es una comida gustosa y saludable, y además en este caso acompañada de verduras, yemas de huevo y hasta de un rico caldo de gallina, lo que conforma un plato contundente propio de estómagos fuertes y personas saludables.

Bacalao a la Busturiana

Ingredientes: (Para 4 personas)

4 tajadas de bacalao
4 dientes de ajo
1/2 litro de aceite de oliva de 0,7 grados
3 ramas de perejil
1 taza de caldo de gallina
3 yemas de huevo
150 gramos de champiñones limpios
4 cucharadas de guisantes finos
8 espárragos

El día antes, se desala el bacalao y se le quitan las espinas.

Se fríen los ajos y los champiñones fileteados, y cuando estén un poco dorados se retiran del fuego, se vierte todo en una cazuela de barro y se deja enfriar.

Ponemos encima del contenido de la cazuela el bacalao con la piel hacia arriba, llevamos la cazuela al fuego y la movemos bien para que se ligue la salsa.

A continuación se unen en un bol el perejil y los guisantes, se baten las yemas de huevo con el caldo de gallina y se vierte todo sobre el bacalao, sin dejar de remover. Una vez que el bacalao esté en su punto, se retira la cazuela del fuego y se deja enfriar hasta el día siguiente.

Para servir, se ponen los espárragos por encima y se calienta suavemente todo.

Bacalao a la vizcaína

El bacalao es una de las excelencias de la cocina vasca y, como decía el doctor Marañón: «el bacalao, gracias al arte y a la enérgica personalidad de la cocina vasca, se ha convertido en un plato nacional».

Se ha dicho que los vascos han conseguido cuatro salsas extraordinarias para el pescado, la roja en los platos a la vizcaina; la blanca en el «pil-pil» y ligado; la verde en la merluza; y negra en los txipirones en su tinta.

El bacalao se guisa en el País Vasco como en ningún otro sitio del mundo, y junto con los gallegos y los andaluces han sido los encargados de enseñar a comer este pescado al resto de los españoles.

El bacalao seco, al que alguien llamó «momia de pez», lo descubrieron los arrantzales o pescadores vascos hace siglos en los bancos fríos del Norte, especialmente en Terranova e Islandia, cuando iban detrás de las ballenas, y para conservarlo, dadas las grandes distancias que recorrían los barcos, recurrieron a la salazón, convirtiéndose entonces en un plato habitual de nuestros puertos.

La Iglesia católica dió el impulso final al consumo de bacalao por la prohibición que existió de comer carne los viernes del año y durante la Cuaresma, por lo que se popularizó aún más e incluso se convirtió en receta obligada en casi todos los monasterios y conventos.

La salsa vizcaina, según tendencias, no debe llevar tomate, aunque algunos le ponen una cucharadita para suavizar la fuerza de los pimientos choriceros. Pero como en todo, es cuestión de gustos.

VALORACIÓN NUTRITIVA

El bacalao es un plato sabroso y fuerte.

Aunque el bacalao fresco es de parecida composición que la merluza, salado aporta casi 400 calorías por cada 100 gramos, y contiene más del 80% de proteínas. Deben tomarlo con cuidado las personas que tengan hipertensión.

Bacalao a la vizcaína

Ingredientes: (Para 4 personas)

4 tajadas de bacalao de 250 gramos
4 cebollas rojas
1 tomate maduro
10 pimientos choriceros
Un poco de pan
Aceite de oliva
Sal
2 dientes de ajo

Poner a remojar el bacalao durante 24 o 36 horas, cambiando el agua cada 8 horas.

Cuando esté bien desalado, lo desescamamos y quitamos las espinas con cuidado, secándolo bien con un trapo.

Para preparar la salsa vizcaina limpiamos bien los pimientos choriceros, les quitamos el corazón y los ponemos en agua a hervir. Cuando estén tiernos, los retiramos del fuego, los abrimos y con un cuchillo les quitamos la pulpa.

Ponemos en una cazuela a fuego suave, las cebollas y el tomate todo bien picado, dejamos que se hagan bien, y añadimos la pulpa de los pimientos choriceros, unos trozos de pan, y agua del remojo de los pimientos. Dejamos que cueza unos 15 minutos y pasamos el contenido de la cazuela por el chino a una cazuela de barro.

En otra cazuela de barro ponemos el aceite y los ajos al fuego y cuando empiecen a tomar color retiramos los ajos y ponemos el bacalao para que se cueza en el aceite unos 10 minutos.

Colocamos el bacalao en la cazuela en la que tenemos la salsa ya caliente, y dejamos que se termine de hacer suavemente a fuego lento durante unos 5 minutos.

Se sirve caliente en la misma cazuela

Bacalao al ajo arriero

Este plato es un guiso muy popular de la cocina navarra, con el que se hacen numerosas preparaciones a lo largo y ancho de nuestra geografia que difieren entre sí tanto por los ingredientes, como en la forma de preparlo.

El ajoarriero es tradicionalmente un plato fuerte y recio como su cuna navarra, que hace un buen maridaje con ajos, cebollas, pimientos verdes, tomate, huevos, aceite, e incluso caracoles, cangrejos, setas, etc., y es mucho menos representativo de la forma como se prepara actualmente en muchos sitios, con gambas y langostinos.

En definitiva, el plato tradicional trata de unir el bacalao y ajo con una fritada de tomate y pimiento, lo suaviza con patatas, y lo liga finalmente con huevo.

VALORACIÓN NUTRITIVA

Este guiso es un plato sólido en el que **el bacalao** forma el cuerpo principal con sus muchas virtudes y algunos problemas para determinadas personas.

Los **pimientos**, **ajos**, **cebollas**, **patatas**, **tomate** y **huevos**, son todos ellos alimentos saludables, que al conjuntarse para formar esta receta, obligan a abstenerse a los obesos, hipertensos y personas con problemas digestivos.

Bacalao al ajo arriero

Ingredientes:
(Para 4 personas)

800 gramos de bacalao
1 patata
2 cebollas
4 pimientos verdes
4 dientes de ajos
Salsa de tomate
40 decilitros de aceite
2 huevos
Sal

Una vez desalado y desescamado el bacalao, se le trocea en pedazos grandes y se le quitan las espinas con cuidado.

En una sartén, freímos la patata cortada en cuadraditos pequeños y cuando esté casi hecha, añadimos la cebolla y los pimientos cortados también en cuadraditos pequeños, así como los dientes de ajos picados muy finamente.

Añadimos los trozos de bacalao, y dejamos que se haga todo unos 4 minutos.

Pasado ese tiempo, se añade la salsa de tomate y se deja cocinar por espacio de otros 5 minutos más, se deja reposar y se sirve a la mesa aún caliente.

Txipirones en su tinta *(página 118)*

Bacalao al Club Ranero

El Bacalao al Club Ranero, aunque de padre francés, es indautxutarra de pura cepa.

Nació en el «Txakolí de Tablas», que estaba situado en lo que es hoy esquina Licenciado Poza y Gregorio de la Revilla en pleno centro de Bilbao, de la mano del famoso cocinero Alejandro Caveriviere, natural de Burdeos, que vivía en Artxanda, y ejercía su profesión de cocinero de forma brillante en la «Sociedad Bilbaina», de la calle Navarra, en Bilbao.

En el «Txakolí de Tablas» tenía su sede una sociedad formada por grandes aficionados al juego de la rana llamada Club Ranero, figurando entre los jugadores miembros de las más grandes familias bilbaínas de la época, que a su vez eran socios de la Sociedad Bilbaína.

Entre ellos, figuraba Alejandro Caveriviere, buen aficionado y jugador, y por ello socio del Club Ranero, y cuando terminaba su tarea en la Sociedad Bilbaina, por las tardes, paseando se dirigia al «Txakolí de Tablas» a practicar su juego favorito y charlar con los amigos.

Una histórica tarde de verano, en 1.910, Caveriviere entró en la cocina del txakolí a curiosear y vió sobre blancos lienzos unas hermosas tajadas de bacalao dispuestas para su preparación al pil-pil, ya remojadas, limpias y listas para elaborar el plato, junto a ellas estaban los elementos de una fritada, y entonces se le ocurrió la gran idea del nuevo plato: preparar el pil-pil, y añadirle una fritada de pimientos verdes, tomates, calabacín, ajo, cebolla y salsa vizcaina.

VALORACIÓN NUTRITIVA

Esta preparación de **bacalao** configura un plato fuerte, agradable y sabroso, singular por el añadido en la fritada de cebolla, ajo, tomates, calabacín y pimientos verdes, todos ellos muy saludables, junto con los pimientos choriceros.

La conjunción de todos estos ingredientes proporcionará un placer culinario seguro.

Bacalao al Club Ranero

Ingredientes: (Para 4 personas)

4 tajadas de bacalao de 250 gramos
3 cebollas medianas
1/2 kilo de tomate maduro
12 pimientos verdes
5 pimientos choriceros
1 calabacín
Aceite de oliva
2 dientes de ajo

Remojar el bacalao de 36 a 40 horas, cambiando el agua cada 8 horas.

Una vez desalado lo desescamamos, le quitamos las espinas y lo secamos bien.

Ponemos una cazuela de barro a fuego suave con aceite de oliva y los ajos partidos en láminas. Cuando empiecen a tomar color retiramos los ajos y colocamos el bacalao.

Dejamos que cueza muy suave en el aceite durante unos 10 minutos (según sea el grosor de las tajadas) y lo reservamos.

Limpiamos bien los pimientos choriceros, les quitamos el rabo y las pepitas, y los ponemos a hervir; una vez cocidos, sacamos la pulpa y la reservamos.

Con todas las verduras picadas en cuadraditos pequeños hacemos una piperrada.

En una cazuela de barro vertemos un poco de aceite de oliva y la carne de los pimientos choriceros; cuando se temple el aceite, colocamos el bacalao, con la piel hacia abajo, añadimos poco a poco el aceite en que hemos cocido el bacalao, mientras movemos suavemente la cazuela para que vaya ligando la salsa.

Cuando lo tengamos a punto le ponemos encima la verdura que hemos hecho previamente, y movemos suavemente la cazuela para que se unan bien los distintos sabores.

Bacalao al pil-pil

«Que viva Vizcaya, que viva Bilbao, que viva Vizcaya y su buen bacalao», dice la popular canción, heraldo del que los vizcaínos no hemos renunciado nunca, ni a la buena mesa, ni al tradicional bacalao, ni tan siquiera en los momentos más dificiles de nuestra historia.

Los vascos «domesticaron» culinariamente el bacalao e hicieron que fuera conocido y reconocido en toda España.

La preparación del **bacalao al pil-pil** hace referencia a la onomatopeya del ruido o borboteo que hace el aceite cuando hierve con los ajos y el bacalao, y tan trascendente en su valor gastronómico, que el escritor Rafael Sanchez Mazas propuso a la Real Academia de la Lengua la inclusión en el diccionario del verbo «pilpilear».

La gurpilada o el efecto de mover con la muñeca la cazuela que contiene el bacalao para ligarlo, es el rito que define la preparación «al pil-pil», para que el pescado, previamente desalado y privado de espinas, suelte toda la gelatina que contiene y que ésta se espese junto con el aceite, el agua y los ajos formando una fina emulsión.

El proceso para elaborar el plato es sencillo pero necesita de una constancia especial para lograr ese punto ideal que diferencia a una verdadera obra de arte de una buena receta sin más.

Una vez troceada la pieza de bacalao en tajadas, se desala mediante varios cambios de agua a lo largo de treinta y seis horas, se le quitan las espinas, se coloca una cazuela de barro con abundante aceite de oliva y ajos al fuego, y cuando los ajos están dorados, se retiran.

A continuación se pone el bacalao con la piel vista, se retira el aceite sobrante y se comienza la gurpilada dando a la cazuela movimientos circulares, añadiendo, poco a poco, el aceite hasta ligarlo con la gelatina que suelta el pescado.

Se decora con los ajos empleados en la fritura y con las guindillas cortadas en rodajas.

Esta receta es todo un placer de la cocina vizcaina.

VALORACIÓN NUTRITIVA

El bacalao seco es un magnífico alimento cuya calidad final, desde el punto de vista del paladar, depende de la habilidad del cocinero, la calidad del bacalao, y de su punto de desalado.

El bacalao seco tiene ocho veces más grasa que el fresco, y su valor proteico es también alto. Aunque el desalado se tolere bien, los hipertensos deben ser comedidos en su consumo.

Bacalao al pil-pil

Ingredientes: (Para 4 personas)

4 tajadas de bacalao no muy gruesas
1/4 de litro de aceite de oliva
6 dientes de ajo
1 guindilla

Ponemos a desalar el bacalao (ha de ser de muy buena calidad), durante 36 horas, cambiando el agua 3 o 4 veces.

Una vez desalado, lo desescamamos, le quitamos las espinas y lo secamos bien.

En una cazuela de barro echamos el aceite y la llevamos al fuego, partimos los ajos en láminas y los freímos a fuego lento con el aceite bien caliente. Cuando empiecen a tomar color, los sacamos y los reservamos.

Ponemos las tajadas de bacalao y dejamos que cuezan en el aceite a fuego suave unos 10 minutos (según su grosor). Una vez pasado este tiempo, las retiramos del fuego.

En otra cazuela de barro puesta al fuego, echamos un poco del aceite en el que hemos cocido el bacalao y cuando se temple colocamos los trozos de bacalao con la piel hacia abajo.

Movemos suavemente la cazuela y vamos añadiendo poco a poco el aceite que tenemos reservado en la otra cazuela, sin dejar de mover constantemente, para que se ligue bien la emulsión.

Cuando esté hecho, le añadimos los ajos por encima y la guindilla cortada en aritos finos.

Bacalao asado

Ampliando anteriores datos sobre **el bacalao**, diremos que su cuerpo es similar al de la merluza pero menos esbelto. Éste pez, teleósteo de la familia de los gádidos, es de color verdoso grisáceo según el «habitat»en el que vive, está dotado de pequeñisimas escamas, y por otra parte, en fresco admite las mismas preparaciones culinarias que la merluza, mientras que en seco ha dado lugar a la más rica culinaria vasca.

Si hace unos años el bacalao salado, una pieza tiesa, blanca, y lijosa, una especie de «momia marina», era lo único conocido por el consumidor, hoy el bacalao fresco, traído rápidamente de los lugares de pesca, ha entrado en nuestras costumbres culinarias de tal modo que compite con otros pescados frescos, en la rica cocina vasca.

Pero siempre hemos de explicar las virtudes del «seco» en la cocina y la salud, porque este pez es, como decimos y sin lugar a dudas, el más enciclopédico de la gastronomia española.

Cervantes, en El Quijote se expresaba en los siguientes términos: «a dicha acertó a ser viernes aquel día y no había en toda la venta sino más que raciones de un pescado que en Castilla llaman abadejo, y en Andalucía bacallao y en otra parte curadillo y en otras truchuelas...».

Aunque en ningún lugar como el País Vasco el bacalao alcanzó tal popularidad y entrada doméstica, seguramente como cuenta Teófilo Guiard en su obra *Misterio de la Villa de Bilbao*, con la historia de Gurtubay y los fardos de bacalao (se describe en otro lugar de esta obra), que en cuanto al sitio de Bilbao durante la Guerra Carlista, motivó la gran novela de Unamuno *Paz en la Guerra*.

Don Resurrección María de Azkue relataba que en los hogares de los pescadores, cuando algún familiar se encontraba lejos, era costumbre golpear la mesa con un hueso de bacalao de medio palmo de largo, mientras decían: «*Makailotxi gazia, Teranuan azia, esaten espadok egia, ausico davat garia: ¿gure mutila ondo dago?*» (Bacalado salado, criado en Terranova, si no dices la verdad te romperé la cintura: ¿nuestro muchacho está bien?). Seguidamente, tiraban la espina o hueso al aire y si caía sobre la mesa mostrando la parte interna o concava, el ausente estaba bien, pero en caso contrario, la brujería decía que era mala señal.

Desde el punto de vista gastronómico el bacalao es una pescado difícil y desconcertante, aunque agradecido. Convive en perfecta armonía con el ajo y el aceite de oliva virgen de acidez media, liga con la leche y la mantequilla, admite la verdura y «piperrada», la ensalada, el marisco, el tomate, el txakolí, la fritura, las patatas, la tortilla típica de las sidrerias, e incluso la sopa como en la «zurrukutuna» y la brandada como se hace en Iparralde, sin perder ni un ápice de su personalidad.

Pero si sale mal porque su calidad, desalado y prepración no ha sido buena, se convierte en una masa difícil de admitir.

Su culinaria exige como regla de oro seleccionarlo bien, con la carne blanca y de fibra corta, la línea blanca de la piel sobre los lomos negros, que resulte traslúcido a la luz solar, y para las preparaciones tradicionales, que no pase de los 2 kilos.

El desalado debe llevar, al menos doce horas en agua fría, otras doce en agua nueva, y dos más en agua templada completando así un ciclo de unas veinticuatro horas, tras el cual la pieza tendrá un buen temple.

Hay que reconocer que las fórmulas del desalado son muchas, todas a buen seguro eficaces, y que cada cocinero tiene su secreto, verdadero encanto de su preparación.

Cuando el bacalao está desalado, se hace el templado con agua fría al fuego, y en cuanto ésta tome calor (como para meter los dedos sin quemarse), se saca y se seca bien en paños blancos y limpios. Esta operación es previa a cualquier guiso posterior.

El bacalao asado lleva leche para suavizar, aceite, agua, perejil y pan rallado, y no se le incorpora, cosa rara, el ajo inevitable de la cocina vasca y sobre todo de la vizcaina.

VALORACIÓN NUTRITIVA

El bacalao seco contiene más de un 80% de proteínas, grasas de buena calidad, un 15% de agua, mucho sodio, y unas 350 calorías por cada 100 gramos.

Es un alimento muy gratificante para el paladar pero deben evitarlo los obesos y los hipertensos. El bacalao fresco contiene los mismos principios nutritivos que cualquier animal marino.

Bacalao asado

Ingredientes (Para 4 personas)

1 kilo de bacalao
1/4 de litro de agua
6 ramas de perejil
Pan rallado
Aceite

Partir en cuatro trozos el bacalao y ponerlo a remojo en agua fría durante 24 horas, cambiando el agua 3 veces al menos.

Cuando esté desalado, se pone en un puchero con el agua al fuego y antes de que comience a hervir se retira, se pone el bacalao y se deja 20 minutos dentro del agua.

Pasado este tiempo, se le quitan las espinas con cuidado y se seca bien con un paño.

Se pasan las tajadas por pan rallado y perejil y se ponen en una fuente de horno con aceite de oliva.

Se dejan en el horno a fuego fuerte hasta que se doren las tajadas.

Bonito con tomate

El bonito del sur, «albakora» o «atún txiki» (*Sarda sarda*), es un pez teleósteo de cuerpo alargado, fusiforme, cabeza cónica, lomo azul y vientre plateado.

En la costa cantábrica se llama bonito, al túnido que en la nomenclatura española se conoce como sarda, rebautizado como «del Norte». Su nombre científico (*Germo alallunga*) y el euskeriko «hegaluze», hacen referencia a una de sus principales características, la longitud de sus aletas pectorales en forma de guadaña.

El bonito constituye una de las principales costeras de los pescadores vascos, y se hacen con él numerosísimas y muy distintas preparaciones gastronómicas.

Preparado en cazuela con tomate, o a la bilbaína, hecho con un buen tomate casero es un plato aromático y gustoso, que no falta en su tiempo en los restaurantes y asadores vizcainos.

VALORACIÓN NUTRITIVA

El bonito del norte es un pescado azul, rico en grasas insaturadas, buenas para la salud, mientras que **el tomate**, **la cebolla** y **el ajo**, juntos o por separado, con la insuperable aportación de **el aceite de oliva**, son una fuente milenaria de salud, y todos juntos conforman una maravilla de plato.

Bonito con tomate

Ingredientes:
(Para 4 personas)

4 rodajas de bonito de 200 gramos cada una

1 cebolla

1 kilo de tomate

2 dientes de ajo

Aceite de oliva

Un poco de azúcar

Ponemos en una cazuela aceite, la llevamos al fuego y añadimos la cebolla y el ajo finamente picados.

Dejamos que se haga suavemente y cuando estén hechas, ponemos las rodajas de bonito, y un poco antes de estar a punto, retiramos el bonito y ponemos en la cazuela el tomate troceado, un poco de sal y una pizca de azúcar y dejamos que se haga todo bien.

Pasamos esta salsa por el chino, le incorporamos el bonito, al que habremos quitado la piel y las espinas, y dejamos cocer todo junto unos 8 o 10 minutos con la salsa hasta que esté en su punto.

Marmitako de bonito *(página 106)*

Ensalada de bacalao

La ensalada de bacalao es uno de los platos distinguidos y modernos de la culinaria bacaladera internacional.

Bastante parecido a la «exqueixada» o ensalada de bacalao catalana, tiene bastantes menos años que ésta ya que nació en 1987, en pleno auge de la cocina vasca, de la mano e ingenio de Angel Lorente, en aquel momento chef del restaurante «Bermeo», del Hotel Ercilla, en Bilbao, templo culinario destacado de la cocina de los hoteles.

La diferencia reside en que mientras que en la «exqueisada» el bacalao en salazón, una vez desalado, se come crudo, en la versión vasca se cuece ligeramente.

El bacalao se sumerge un par de minutos en agua hirviendo, o se pone en frío y se mantiene hasta que el agua comience a hervir.

Otra discrepancia con la fórmula catalana es que ésta se presenta en hebras voluminosas, con las carnes rotas, mientras en la preparación vasca se preparan con todo cuidado las láminas del bacalao.

La ensalada de bacalao es un plato muy heterodoxo, totalmente libre en su concepción, del que existen en la actualidad numerosas versiones: con salsa mayonesa y sus variantes, con pimientos del piquillo, con morros, txangurro, bogavante, en vinagreta y sus variantes, hasta alcanzar más de un centenar de variaciones posibles.

Se acompaña de pimientos verdes, aguacate, tomate, un cogollo de Tudela, salsa mayonesa y aceite de oliva.

VALORACIÓN NUTRITIVA

Esta versión moderna del **bacalao en ensalada** compone un plato de alto valor nutricional, pero que tiene las mismas limitaciones que en las otras presentaciones.

Como plato rico, gustoso y sabroso, merece la pena probarlo y opinar.

Ensalada de bacalao

Ingredientes: (Para 4 personas)

800 gramos de bacalao
2 pimientos verdes
2 tomates
2 aguacates
1 cogollo de Tudela
Salsa mayonesa (aligerada con aceite de oliva de 0,4 grados)

Desalar el bacalao entre 36 y 40 horas, por el procedimiento habitual.

Cuando lo tengamos desalado, poner un puchero con agua al fuego y cuando ésta rompa a hervir, retirar el puchero del fuego rápidamente, añadir el bacalao y dejarlo en el agua unos 20 minutos.

Para preparar la ensalada, se cortan los pimientos en anillas, se pelan los tomates y se parten en cuadraditos, se parten los aguacates en láminas, y los cogollos en juliana, se añade un poco de salsa mayonesa, y se remueve todo con cuidado.

Cuando retiremos el bacalao del agua, se le quita la piel y se divide su carne en láminas, que se irán colocando como escamas encima de la ensalada.

Como toque final, echamos en hilo fino la salsa mayonesa por encima y un poco de aceite.

Kokotxas de bacalao con pimientos rojos

El bacalao es un pez de cuerpo similar a la merluza y admite las mismas preparaciones que ésta.

Ambos son peces gelatinosos y finos, ideales para ciertas preparaciones en las que interviene de alguna forma el aceite de oliva

La «kokotxa» es una palabra euskérika que hace referencia a la parte gular o carnosa existente entre el arco maxilar inferior de algunos peces, sobre todo merluza y bacalao, de los que se utilizan en la cocina vasca, las primeras frescas, y las de bacalao también frescas, o depués de desaladas.

Se emplean en esta preparación kokotxas de bacalao desaladas, a las que se recorta bien la espina y parte de la zona gelatinosa, se sazonan, se enharinan, se pasan por huevo batido, y se fríen en abundante aceite bien caliente.

VALORACIÓN NUTRITIVA

Las kokotxas son un manjar de la cocina vasca, con la condición de que se hayan desalado bien y sean de primera calidad.

Condimentadas y albardadas, dan como resultado un plato gelatinoso muy apreciado y cotizado.

Los pimientos rojos, ricos en vitaminas y minerales, contribuyen a engrandecer una prepración que no debe tener contraindicación alguna, salvo por la «presencia» de un aparato digestivo delicado.

Kokotxas de bacalao con pimientos rojos

Ingredientes: (Para 4 personas)

1 kilo de kokotxas de bacalao
4 ajos
1/2 kilo de pimientos rojos asados
Harina
Huevo para rebozar
Aceite
La punta de una cucharita de azúcar

Se desalan las kokotxas durante 24 horas, cambiando tres veces de agua.

Una vez desaladas, se ponen al fuego en una cazuela con agua y cuando rompa a hervir, se retiran y se dejan reposar en la olla unos 5 minutos.

Se sacan, se ponen en un paño para secarlas bien y se rebozan con la harina y el huevo batido y se fríen en aceite caliente, pero dejándolas que se hagan poco tiempo.

Se asan los pimientos, se pelan, cortan en tiras y se ponen en una cazuela de barro con el aceite y los ajos partidos en laminas, añadir el azúcar y se deja que se hagan unos 10 minutos.

Una vez en su punto, añadimos a la cazuela las kokotxas rebozadas que tenemos reservadas, se ponen encima de los pimientos, tapar la cazuela y dejamos que se hagan a fuego lento unos 15 minutos.

Kokotxas de merluza al pil-pil

La palabra euskérika «**kokotxa**», o cococha, se refiere (como ya hemos dicho) a la parte gular o carnosa existente en el área maxilar inferior de algunos peces. El término se emplea fundamentalmente para las de merluza, si bien se utiliza también para las de bacalao.

Son un manjar extraordinario y característico de la cocina vasca, dan lugar a un plato gelatinoso, muy apreciado y cotizado.

Se preparan al pil-pil: guisadas en cazuela en la que se han dorado unos ajos en aceite, moviendo constantemente el recipiente para que la gelatina de las kokotxas engorde rápidamente la salsa; albardadas al estilo donostiarra: donde se sazonan, se enharinan y se pasan por huevo batido, para freirlas en abundante aceite bien caliente y escurridas bien antes de servirlas; a la plancha: se dejan unos segundos en contacto con la placa caliente; y también pueden acompañar a la preparación de merluza en salsa verde.

Cuando son pequeñas, de pescadilla o de merluza terciada, se parten por la mitad, se sazonan, se les dá una vuelta en la sartén y una vez bien escurridas se revuelven con huevo y se cuaja el conjunto.

VALORACIÓN NUTRITIVA

Las kokotxas de merluza forman parte del cuerpo de un pescado blanco, de gran prestigio y tradición en la cocina vasca. Son pobres en grasa, ricas en proteínas y vitaminas, y con el añadido del **aceite virgen de oliva** y **el perejil**, son para todos, sin excepción una maravilla de placer y fuente de salud.

Kokotxas de merluza al pil-pil

Ingredientes: (Para 4 personas)

800 gramos de kokotxas de merluza
4 dientes de ajos
Aceite de oliva virgen de 0,4 grados
Un poco de fumet de pescado
Perejil picado y sal

Ponemos una cazuela de barro con aceite al fuego, y echamos los ajos; cuando los ajos tomen color los retiramos y los reservamos.

Añadimos las kokotxas con un poco de fumet y las colocamos con la parte oscura hacia arriba. Movemos todo suavemente, añadimos el perejil muy picado y los ajos que habíamos reservado. Movemos suavemente sin parar y en unos 8 minutos ya estarán hechas y listas para comer.

Langosta a la americana

La langosta, especialmente si es del noroeste, es un bocado de cardenal, e indiscutible es la reina de los mariscos, aunque haya personas que la desprecian y no «dan un paso» por ella.

Curiosamente, las excelentes langostas, se llaman *Palinurus Vulgaris*, y las otras, verdes por fuera y sosas por dentro, procedentes de la costa de Mauritania y otros mares, reciben el nombre de *Palinurus regius*.

Es un crustáceo decápodo, que carece

de rostro, tiene dos pares de antenas, y el caparazón del cefalotórax está protegido por unos fuertes salientes que originan duras espinas de distintos tamaños y formas.

El abdomen o cola, es algo más estrecho y está defendido por unos anillos firmemente unidos. Todas las patas torácicas terminan en punta, con la excepción del quinto par de las hembras, que tiene forma final bifurcada. Este detalle sirve para distinguir las hembras de los machos, recomendando, en este caso particular, ser muy sexistas y preferir a los machos.

Habitan cerca de las costas, entre los 15 y los 70 metros de profundidad, llegando en invierno hasta profundidades de 150 metros, preferentemente en lugares rocosos, alimentándose de peces muertos, gusanos, calamares y moluscos, sobre todo bivalvos.

La llamada «cola» y la carne de sus patas torácicas son en general las zonas más exquisitas, aunque algunos opinan que sus mejores bocados están en la cabeza.

La salsa americana o armoricana que la acompaña, lleva cebollas, puerros, tomates y zanahoria, que junto con la mostaza de estragón componen un conjunto equilibrado y gustoso en este plato.

VALORACIÓN NUTRITIVA

La langosta es rica en proteínas, apenas tiene grasa, vitaminas del grupo B y abundante potasio, sodio, fósforo, calcio y magnesio, con el incoveniente grave de que contiene unos 150 miligramos de colesterol por cada 100 gramos.

Como es un bocado caro y su consumo no es habitual, su contenido en colesterol no debe tenerse en cuenta más que a efectos informativos (un día es un día).

Aporta unas 90 calorias, que es una cantidad similar a las que proporciona un huevo cocido.

Sus cifras de ácido úrico son bajas y la única preocupación, desde el punto de vista del consumidor, es para el bolsillo.

Las verduras y **los mariscos** que acompañan a la langosta en esta receta, componen un cromatismo muy bello, con un color atractivo, además de complementar maravillosamente el plato.

Langosta a la americana

Ingredientes: (Para 4 personas)

1 langosta de 1 1/2 kilo
4 langostinos
4 cigalas
8 gambas
2 cebollas, 1 puerro
3 tomates, 2 zanahorias
1 cucharita de mostaza de estragón
10 bolitas de pimienta negra
1 copa de coñac
Agua y sal

Se pone una cazuela honda con aceite al fuego, y se incorporan las verduras picadas finamente.

Se deja que tomen un poco de color y se añaden los tomates troceados, los langostinos, las gambas y las cigalas. Rehogar un poco, y flamear con el coñac; a continuación se sala todo, se agrega la pimienta y se cubre de agua.

Poner al fuego y cuando hierva, dejar así

unos 3 minutos, sacar el marisco, pelar, se reservan aparte las colas y el resto se vuelve a poner en la cazuela.

Dejar cocer otra 1/2 hora e incorporar la langosta, que se deja cocer unos 15 minutos más, transcurridos los cuales, se saca la langosta y se pela.

Pasar la salsa, primero por la batidora eléctrica y luego por el chino, añadir la mostaza de estragón y mezclar todo bien.

Se dispone todo en una cazuela y se incorpora la langosta, con la cola y la cabeza, partida en trozos, añadimos también las colas de marisco que tenemos reservadas, lo calentamos brevemente y ya está dispuesta para ser servida.

Lenguado a la Meuniere

Pescado blanco, de todo el año, **el lenguado** es una especie apreciadísima en toda la geografía peninsular, que alcanza niveles de calidad suprema en dos puntos concretos, las costas gallegas y el Golfo de Cádiz.

Los lenguados de Galicia son duros y de carne consistente, reflejo fiel de las aguas cantábricas bravas y frías en las que viven, mientras que los gaditanos son gelatinosos y suaves, de carnes aromáticas, como corresponde a aguas atlánticas más tranquilas.

Este pez teleósteo, asimétrico y plano de la familia de los soléidos, habita en fondos arenosos y fangosos que no sobrepasan los tres o cuatro metros de profundidad. Permanecen la mayor parte del tiempo enterrados bajo la arena, y su cuerpo presenta una superficie oval y aplastada. La cara dorsal es de color pardo oscuro y en ella están colocados los dos ojos, mientras que la ventral, que es blancuzca, descansa sobre la arena, carece de visión ocular y se denómina «cara ciega». La boca esta colocada a la derecha de los ojos, siempre vigilante al paso de posibles presas, para alimentarse.

Pescado que admite multiples preparaciones, la finura de sus carnes se adapta a todo tipo de ellas, carece de una fórmula típicamente vasca, o más bien presenta adaptaciones del recetario internacional a los productos del País. Para algunos exquisitos, disfrutar de un lengudo, sin disimular su sabor, sólo obedece a tres formas de cocinarlo: frito, cuando la pieza es pequeña, y a la plancha, o a la sal, cuando es de peso superior.

La frescura de los lenguados no se aprecia en el color de las agallas ni en la viveza de los ojos, como sucede en otras, especies marinas, sino en el tacto resbaloso de la piel, que se reseca a medida de que transcurren los días.

La cocina vasca lo prepara «a la vasca» horneado sobre un lecho de rodajas de patatas; «con setas» dorando el pescado en la plancha, para terminar de hacerlo en una bandeja con caldo de pescado y mantequilla; y al estilo «Meuniere» a base de mantequilla.

VALORACIÓN NUTRITIVA

El lenguado presenta magníficas proteínas de fácil asimilación, son aproximadamente el 16% de la parte comestible, apenas sobrepasa el 1% de grasa, tiene trazas de carbohidratos, apenas tiene colesterol y presenta mucho potasio y fósforo, además de vitaminas fundamentalmente del grupo B. Aporta unas 80 calorías por cada 100 gramos, y tiene mucho desperdicio, tanto como el 50% del total de la pieza.

Anchoas fritas *(página 83)*

La salsa, en la preparación que ofrecemos, es rica en grasas saturadas, lo que hace que deban cuidarse de ella aquellas personas con grasas en la sangre. La pobreza en lípidos del lenguado, no compensa los aportados por la mantequilla.

Lenguado a la Meuniere

Ingredientes: (Para 4 personas)

4 lenguados de 250 gramos
200 gramos de mantequilla
El zumo de 2 limones pequeños
Perejil
Un poco de aceite y sal

Se limpian los lenguados, se salan y se ponen en una sartén con un poco de aceite. Dejamos que se hagan 6 minutos por un lado y 4 minutos por el otro y, una vez dorados, se reservan en una fuente, manteniéndolos calientes.

En un recipiente puesto al fuego, echamos la mantequilla, el zumo de los limones y el perejil, cuando esté caliente sin que llegue a freírse, se vierte sobre los lenguados.

Marmitako de bonito

Se trata de un plato tardío en la cocina de nuestros arrantzales o pescadores.

Las patatas, los tomates y los pimientos -sobre todo los dos primeros- no llegaron al País Vasco hasta el siglo XVIII, tiempo en que se conforman y divulgan las marmitas. Antes se hacía en ollas de barro o en los peligrosos pucheros de cobre.

La marmita es una olla con forma de caldero, tapa ajustada y asa, y a la vez es el término que se utiliza en algunos pueblos pescadores como Bermeo para referirse al utensilio o cazuela en el que se elabora el marmitako.

Hace siglos, antes del Descubrimiento de America, el marmitako se elaboraba con agua, pescado, alguna grasa seguramente de cerdo y pan, ya que cada tripulante tenía la obligación de aportar a la marmita su propio trozo de pan, que según las historias de arrantzales sería el mismo que retirara una vez hecho el guiso.

El marmitako es un soberbio guiso de pescado.

VALORACIÓN NUTRITIVA

Elaborado con bonito, patatas, tomate, pimientos, cebolla y aceite, es uno de los platos más completos que se nos puede presentar.

Tiene la gran ventaja de que **el bonito** es un pescado azul, rico en grasa y salud.

Marmitako de bonito

Ingredientes: (Para 4 personas)

1 kilo de bonito sin espinas
2 pimientos rojos morrones asados y pelados
2 pimientos verdes
2 tomates
2 cebollas
1 kilo de patatas

Limpiamos el bonito de piel y espinas, y ponemos a cocer las espinas en un poco de agua, reservando aparte el bonito limpio.

Ponemos en una cazuela el aceite con la cebolla muy picada, el pimiento verde picado y el tomate pelado y partido en trozos pequeños. Dejamos que se haga un poco y le añadimos las patatas cascadas en trozos medianos. Echamos el agua colada en que hemos cocido las espinas y completamos con más agua hasta cubrir bien las patatas.

Troceamos los pimientos rojos y los pasamos por el pasapurés, dejándolos caer encima de las patatas.

Cuando estén casi cocidas las patatas añadimos por encima el bonito partido en trozos del mismo tamaño que las patatas, tapamos la cazuela y dejamos que cueza todo suavemente hasta que las patatas estén hechas y el bonito en su punto.

Merluza a la plancha al estilo de Ondárroa

La merluza, un gádido de la misma familia que el bacalao, es seguramente el pez más apreciado de nuestra cocina.

En la vieja lengua vasca se conoce a la merluza con el nombre de «lebatza» y «legatz», pero su tradición vizcaina es tan grande que no faltan quienes han «bilbainizado» la palabra haciendola silbante y amable con abuso de la «s», llamandola incluso en el viejo cancionero bilbaíno «merlusha».

Esta preparación de la merluza es tradicional de la cocina vizcaína y tiene su origen en el pueblo pesquero de Ondárroa, donde se prepara con mimo y primor.

Dicen los pescadores que la merluza no debe comerse el mismo día que se pesca, y lo que hacen es lavarla bien, eviscerarla, limpiarla con agua de mar y dejarla colgada de un gancho cabeza abajo durante toda la noche para que pierda agua y mucosidad, y así al día siguiente, las carnes están más prietas.

La sabiduría popular ha trasladado éste y otros principios a la cocina y consigue que un preparado que lleva una rodaja de merluza de dos dedos de grueso, hecha a la plancha con aceite de oliva, y colocada en una fuente sobre la que se vierte un sofrito de aceite y ajos, sea un plato singular.

VALORACIÓN NUTRITIVA

La carne de **la merluza** es blanca, fina y muy digestible, con apenas un 2% de grasa, componiendo un plato muy suave y sabroso, que resulta excelente si se cocina con **aceite virgen de oliva**.

Es un plato apto para todos.

Merluza a la plancha al estilo de Ondárroa

Ingredientes: (Para 4 personas)

4 rodajas de merluza de unos 250gramos cada uno
Aceite de oliva
2 limones
4 dientes de ajo
Perejil

Limpiamos la merluza y la ponemos sobre la plancha que se vaya haciendo poco a poco, regando de vez en cuando con aceite.

Necesitará unos 20 o 25 minutos para estar en su punto, esto sucederá cuando veamos que la espina se puede quitar fácilmente.

En una sartén, ponemos aceite a calentar y freímos ligeramente los ajos, el perejil y cuando estén doraditos le añadimos el zumo de los limones.

Quitamos la espina central a la merluza, la rociamos con la fritada y la servimos.

Merluza en salsa verde

El periodista y escritor Luis Antonio de Vega trató de conocer el origen de este plato exquisito, y afirmaba: «es uno de los poquísimos platos de nuestra cocina que tiene los papeles en regla».

Cuenta que la primera semana del mes de mayo de 1723, doña Plácida de Larrea, vecina de Bilbao, dejó constancia de la receta que ella había imaginado en una carta a su amiga y tocaya doña Plácida de Larrínaga y de Eguidazu, una navarra del Valle de Baztán. En la carta se describía como había guisado la merluza en salsa verde con abundantes perejiles, adornada con espárragos que le habían mandado de Tudela, chirlas y una docena de cangrejos gordos pescados en aguas del Ibaizabal.

Hay que suponer que la salsa llevaría también manteca, o quizá aceite navarro, ajo, cebolla, harina, agua, etc., además de algo de perejil.

Es seguro, como parece, que el origen de la merluza en salsa verde es totalmente bilbaíno; era forzoso para esta preparación utilizar una cazuela de barro, de las que los olleros -seguramente del barrio bilbaíno de Ollerías- y alfareros autóctonos cocían en sus hornos.

En estas cazuelas se depositaban las tajadas de merluza sobre el aceite con los ajos picados, se ponían a fuego suave y lento, y se añadía el perejil muy fresco y bien picado se ponía la nota verde y sugestiva al plato.

VALORACIÓN NUTRITIVA

La merluza configura un plato suave y exigente, como corresponde a un pescado que apenas tiene grasa.

Con **aceite de oliva virgen**, **el ajo** y **el perejil**, se termina de preparar un plato que es a la vez fino y saludable.

Es recomendable incluso para las personas que tienen un aparato digestivo delicado.

Merluza en salsa verde

Ingredientes: (Para 4 personas)

4 lomos de merluza de 200 gramos
4 dientes de ajo
Aceite de oliva
16 almejas
1 lata de espárragos
Perejil picado
Harina

Ponemos una cazuela de barro con aceite al fuego, y echamos los ajos finísimamente picados.

Cuando el aceite se temple, colocamos los lomos de merluza (que habremos pasado antes muy ligeramente por harina) y las almejas, tapamos unos segundos y añadimos los espárragos con su caldo.

Tapamos la cazuela un par de minutos y echamos el perejil. Ya sin tapar, movemos constantemente la cazuela unos tres o cuatro minutos, luego la tapamos de nuevo y la retiramos del fuego.

Dejamos reposar unos minutos antes de servir.

Pimientos rellenos de bacalao

Son tan numerosas las **variedades de pimientos** que se cultivan en el mundo, que resulta difícil hacer la descripción del fruto, aunque en este plato, nos referimos a los «Gernikako Piperrak», pimientos de Gernika, o del País, que se consumen cuando están verdes.

Otras variedades frecuentes en nuestros mercados son: el morrón conocido también como «hocico de buey»; el del pico; de cristal; el de Piquillo; el de cuerno de cabra o «tres caras», empleado seco o en pimentón, el dulce de España; el Cayenne; y el común largo rojo.

Ya hemos comentado en otra parte de esta obra que se cultivaban en América en tiempos preincáicos y que la planta la trajo Colón a España, extendiéndose su cultivo rápidamente a todas las regiones cálidas del mundo. Se cree que su patria fué Brasil, pero otros aseguran que es originario de México, y aunque los indígenas americanos conocían el fruto por el nombre de *chili*, los españoles y portugueses lo bautizaron con los nombres de pimiento y pimiento de Brasil.

En el País Vasco se utilizan, sobre todo, los verdes de bocado (entre 6 y 9 cms. de longitud), tiernos, sabrosos, de forma estrecha y larga, con sección triangular, dos o tres lóbulos poco marcados, de gran finura de carne y sabor agradable al paladar, conocidos con el nombre de «Gernikako Piperra», cuya temporada de recolección va de mayo a octubre, y dependiendo del clima se pueden encontrar en el mercado en mayor o menor cantidad.

Ahora, se distinguen estos pimientos verdes con el Label Vasco de Calidad Alimentaria, garantía para el consumidor.

No obstante, también se suelen utilizar otros como los del Piquillo, de color rojo fuerte, cortos (no más de 10 cm.), con dos o tres lóbulos, con la pared del fruto fina, de poco peso (entre 25 y 30 frutos por kilo), de sabor característico, y calidad extraordinaria con un secreto: el sistema artesanal de asado y pelado.

El Pimiento del Piquillo, alcanza en Lodosa una calidad singular, y está amparado por la Denominación de Origen.

Unos y otros, en este caso los «Gernikako Piperrak», se pueden rellenar de bacalao, verduras, y hongos, cordero arropado con pisto, de bechamel tipo croqueta, de krabarroka con salsa de Piquillos (la gran receta de Arzak), y de perretxikos de Orduña, componiendo una sinfonía de color y placer.

VALORACIÓN NUTRITIVA

El valor nutritivo del **pimiento** por sí solo es muy modesto, porque apenas contiene indicios de grasa, muy pocas proteínas e hidratos de carbono, pero tiene tres veces más vitamina C que la naranja, y unas cifras estimables de calcio y fósforo.

Es muy pobre en contenido en sodio y ácido úrico (para gozo de hipertensos y gotosos) y tiene una sustancia picante, la capsaicina, que estimula el apetito, pero su abuso produce la inflamación del aparato digestivo y de las hemorroides. Apenas aporta unas 16 calorías por cada 100 gramos, la décima parte que la misma cantidad de pan.

Su digestibilidad depende en buena parte del tiempo de cocción, y es recomendable prepararlos con calma y mimo.

El bacalao componente del relleno, fresco o curado (en este caso debe desalarse muy bien) es un pescado con poca grasa y rico en salud como ya hemos indicado.

Pimientos rellenos de bacalao

Ingredientes: (Para 4 personas)

12 pimientos del piquillo
350 gramos de bacalao
2 cebollas
2 ajos
1 tomate
2 pimientos rojos
Harina y huevo (para rebozar)

Desalar el bacalao con 24 horas de antelación.

Poner agua en un puchero al fuego, y cuando rompa a hervir retirarlo, añadir el bacalao y dejarlo 20 minutos en el agua. Seguidamente se le quita la piel y las espinas y se desmiga.

En una cazuela puesta al fuego con aceite se echa la cebolla muy picada y los ajos y se deja que se haga suavemente sin que se dore demasiado, una vez dorado, retirar la mitad y reservar.

A la otra mitad se le añaden los tomates troceados y los 2 pimientos y dejar que se haga bien, añadir un poco más de agua para que hierva un rato y una vez en su punto, se pasa todo por el chino.

A la parte de cebolla y ajos que tenemos reservados, se le añade el bacalao ya desmigado y se deja que se haga todo junto unos 5 minutos. Mezclar todo bien y con ello se rellenan los pimientos, los cuales, una vez rellenos, se rebozan en la harina y huevo, y se van poniendo en una cazuela de barro.

Añadir la salsa por encima y dejar que hiervan a fuego suave unos 10 minutos.

Rodaballo al txakolí

El rodaballo es un excelente pescado blanco de gran prestigio en la cocina internacional, símbolo de lujo gastronómico desde la antigüedad más remota, sin duda, el rey de los peces planos, y una verdadera delicia del paladar.

Alvaro Cunqueiro lo llamaba «faisán del mar», y así resume absolutamente el alto aprecio de los gastrónomos por este pez.

En general, a lo largo de la Historia, el rodaballo ha servido para enaltecer las mesas más opulentas en las ocasiones más especiales de la Humanidad.

Los gastrónomos romanos preferían su carne a la del esturión, y según dice Catón: «el precio de un ejemplar era tan alto que superaba con creces al de una vaca».

En Grecia estuvo consagrado al dios Apolo y se le bautizó con el nombre de pez lira. En Francia, donde la carne de rodaballo siempre gozó de elevada cotización, existen y se han escrito infinidad de anécdotas de mesas presididas por el apreciado *turbot*.

Pez teleósteo asimétrico, tiene forma

Merluza en salsa verde *(página 108)*

plana y el cuerpo romboidal, casi circular, con la cara superior de color pardo oscuro, y una gran facilidad para el mimetismo. La superficie ventral es blanquecina, está erizado de unas espinas dérmicas sensibles si se pasa la mano desde cola hacia la cabeza.

Tiene en la primera fase de la vida un período de desarrollo normal (en vertical), con un ojo a cada lado de la cabeza; más adelante el ojo derecho atraviesa la cabeza y se coloca cerca del ojo izquierdo. De esta forma el pez se aplana y se convierte en un pequeño rodaballo y entonces se tiende sobre su costado derecho, desarrollando una extraordinaria capacidad de mimetismo con respecto a los fondos marinos, por lo que se transforma en un verdadero camaleón marino.

Las blancas carnes de este pescado son muy finas, concentrándose los más sutiles aromas en la zona de las agallas. Hay que tratarlo con absoluta delicadeza, mediante preparaciones sencillas, al horno, a la plancha o a la parrilla, acompañado de salsas suaves.

Junto con el besugo, es el pescado que más se sirve asado a la parrilla de toda la restauración vasca.

En el plato objeto de preparación, se acompaña de toda una sinfonía de sabor para el paladar, al utilizarse **cebolla**, **perejil**, **puerros**, **guisantes** y **aceite**, añadiendo un vaso de **txakolí**, el vino vasco por excelencia.

VALORACIÓN NUTRITIVA

El rodaballo es un pescado rico en proteinas y pobre en grasa como corresponde a un pescado blanco.

Carece de carbohidratos, tiene muchas vitaminas sobre todo del grupo B, A, ácido fólico y vitamina B_{12}, presenta abundantes cantidades de minerales predominando el potasio, apenas tiene colesterol, y las cifras de ácido úrico son bajas, como en la merluza. Aporta unas 100 calorias por cada 100 gramos.

El ajo es una maravilla para la salud y beneficia al sistema vascular, **el aceite de oliva** es rico en monoinsaturados y previene las enfermedades del corazón, **el perejil** es rico en vitamina C y tiene efectos diuréticos, **la cebolla** estimula el metabolismo, equilibra el sistema hormonal y disuelve la urea y los cloruros, y **los guisantes**, son ricos en fibra (evitan el estreñimiento) y poseen abundantes sales de potasio y fósforo. **El txakolí**, vino de mesa joven, aporta sabor y categoría al plato.

Todos los ingredientes son de muy fácil digestion, por lo que este plato puede procurar placer a las personas sanas y alegrar la dieta de los enfermos.

Rodaballo al txakolí

Ingredientes: (Para 4 personas)

1 Rodaballo 1 1/2 kilo
2 puerros (solamente la parte blanca)
1 cebolla grande
350 decilitros de txakolí
Aceite
Sal

Limpiar el rodaballo, eliminando las partes exteriores duras, las espinas y las vísceras.

Poner en una sartén el aceite, los puerros y la cebolla todo picado muy fino, y llevar a fuego muy suave. Cuando esté todo medio hecho, se pone la mitad en una fuente de horno y encima se coloca el rodaballo.

Se mete al horno precalentado a 220 °C unos diez minutos, se vierte por encima el txakolí y la mitad reservada de la cebolla y el puerro, y lo dejamos otros diez minutos. Comprobar que está en su punto, que debe ser jugoso.

Se le quita la piel al rodaballo, se separan los lomos y se sirven acompañados de la cebolla y el puerro que lleva debajo y por encima rociar con el jugo de la cocción.

Salmón en papillote

El salmón atlántico, *salmo salar* en lenguaje cientifico, ha sido considerado siempre el rey de los peces por los aficionados a la pesca deportiva en los ríos.

A la belleza de su cuerpo plateado, al vigor con que defiende su libertad y al misterio que aún rodea una buena parte de su existencia, el salmón añade además una extraordinaria cualidad: su carne rosada que es capaz de conquistar al paladar más exigente.

El ciclo biológico del salmón está basado en un delicado equilibrio que lo convierte en una especie particularmente vulnerable.

Nacen y pasan su juventud en la parte alta de los ríos; cuando son adultos marchan al mar, y al alcanzar su plenitud sexual, generalmente en invierno, y conducidos por un misterioso instinto, emprenden una larga travesía que los llevará a los mismos puntos del río donde nacieron, lugar en el que afectuarán el desove y la fecundación.

Como el principal obstáculo para la supervivencia del salmón llegó de la mano del progreso en forma de contaminación de los ríos, ésta especie seriamente amenzada, se salvó gracias al esfuerzo de Noruega, donde, tras un ambicioso programa de investigación, han desarrollado estudios de cría y reproducción que cubren las necesidades comerciales de salmón en Europa, Estados Unidos y Japón.

Aún cuando el salmón suele asociarse de inmediato a su presencia como conserva ahumada en las tiendas de prestigio, es preciso comprenderlo en su vertiente de pescado fresco, rico y con grandes posibilidades culinarias, tal como demuestran los restauradores más imaginativos.

La carne del salmón, prieta, grasienta y cargada de aroma varía en su escala cromática desde un rosa pálido hasta un tinte naranja intenso, debiéndose la diferente pigmentación al tipo de alimentación que haya seguido.

El salmón en papillote, toma su preparación de una costumbre francesa que indica que la fórmula de condimentación ideal de este delicioso pescado se hace protegiéndolo cuidadosamente con una lámina de papel de aluminio que evita la pérdida de los jugos.

VALORACIÓN NUTRITIVA

El pescado azul, y **el salmón** en concreto, ha sido redimido de su sambenito de pescado «malo». Hace años había que «curarse» de todos los males con una dieta de pescado blanco, que era una medicina infalible. Es un alimento muy saludable dotado de ácidos grasos poliinsaturados Omega-3 en cantidades altas, que rebajan el nivel de colesterol de la sangre, dato que hoy se conoce de forma fehaciente.

Es rico en proteinas de gran calidad, no contiene fibra ni carbohidratos, tiene un montón de vitaminas sobre todo las del grupo B, además de mucho fósforo, potasio y calcio, y apenas contiene sodio.

Su valor energético es alto, unas 180 calorias por cada 100 gramos.

Salmón en papillote

Ingredientes:

4 lomos de salmón de 200 gramos cada uno

200 gramos de champiñon

3 puerros (la parte blanca)

2 zanahorias

3 chalotas

1 cucharada de aceite

Poner una sartén a fuego suave con el aceite, los puerros, las zanahorias y las chalotas partidas en juliana y dejar que se hagan muy suavemente. Limpiar los champiñones, filetearlos y añadirlos a la sartén para que se hagan.

Salar los lomos de salmón y colocar cada uno en el centro de un trozo de papel de aluminio lo suficientemente grande para envolver las piezas por completo. Repartir por encima del salmón los champiñones y la verdura.

Cerrar el papel de aluminio, procurando que los paquetes no queden muy apretados, más bien huecos y que queden bien cerrados para que no se escape el vapor.

Poner los paquetitos en una bandeja de asar y meterla en el centro del horno a unos 220 °C durante 20 o 30 minutos.

Se sirven a la mesa en los mismos envoltorios en los que se cocinó y cada comensal los abrirá al comenzar a degustarlos.

Sardinas asadas

A mediados de siglo XVIII, allá por el año 1758, el Concejo de la Villa de Bilbao dejaba bien sentado el derecho exclusivo de la pesca de sardinas en dos lugares hoy urbanos y muy conocidos, Albia y la Salve, y después del mes de Mayo, el Síndico del Ayuntamiento y el Alcalde lanzaban las redes y recogían los peces.

Más tarde la pesca se trasladó aguas abajo de la Ría de Plata, nombre con el que era conicido Uribitarte, y finalmente el mineral de hierro que tiñó nuestra Ría y las emigraciones de este pez, llevaron su pesca a Santurce.

De alguna forma la famosa canción «Desde Santurce a Bilbao» mostró que la popular sardinera, con su falda remangada, dejó durante decenios este exquisito manjar en Bilbao, aunque la historia nos recuerda que se pescó en Bilbao y su ría para llevarla a otros municipios próximos.

La sardina (*Sardina Pilchardus*), es un pez teleósteo de cuerpo alargado, comprimido y afilado en la parte ventral, y de bello color azul verdoso. En su forma tradicional se comen asadas, sin eviscerar, después de mantenerlas un rato grande en sal gorda. Santurce ha sabido ganarse una buena fama por este tipo de asado.

La preparación casera aplica la sencillez y traslada al horno el cocinado, ofreciendo un plato gustoso y de sabor fuerte.

La parrilla, la plancha, la fritura y el horno han sido siempre sus mejores aliados, y la cocción al vapor con patatas y aceite de oliva destacan con su presencia.

VALORACIÓN NUTRITIVA

La sardina, como pescado azul, es rica en nutrientes y elementos energéticos, grasas de gran calidad, vitaminas liposolubles, abundantes minerales como calcio, fósforo, sodio, yodo y flúor, y aporta unas 140 calorías por cada 100 gramos de alimento.

Tantas proteínas y grasas pueden resultar indigestas para estómagos delicados, y lo mismo puede suceder a las personas que tienen unos niveles de ácido úrico altos. A algunas personas y en determinadas ocasiones les puede producir urticaria.

Para los jóvenes son un gran alimento.

Sardinas asadas

Ingredientes: (Para 4 personas)

2 docenas de sardinas
3 dientes de ajo
Un poco de pan rallado
Perejil picado
Aceite de oliva

Limpiamos bien las sardinas y las ponemos en una fuente de horno untada de aceite.

Hacemos una mezcla con el ajo picado, el perejil y el pan rallado, espolvoreando con ello las sardinas.

Metemos la bandeja con las sardinas en el horno bien caliente y las dejamos unos siete minutos, controlando que no se pasen de punto.

Tortilla de bacalao

En la zona circundante a San Sebastián y en otros lugares del País Vasco, existen unos establecimientos, las sidrerías en las que en invierno y primavera, se sirve esta bebida derivada de la manzana escanciada directamente desde las cubas, al «espiche» o «txotx», y por una cantidad fija establecida anualmente el cliente puede tomar cuanta sidra quiera.

La base, sin duda, está en Astigarraga que cuenta con más de quince establecimientos, seis más que Hernani segunda en el *ranking*, y el doble que Donosti, que se sitúa en tercera posición, y luego vienen Urnieta, Usurbil, Aia, Azpeitia, Oiartzun, y Tolosa, hasta completar más de 70 establecimientos.

La «probaketa» consiste en beber la sidra nueva de las «kupelas» más adelantadas, que no está a punto de ser embotellada, pero que ya deja entrever su carácter y calidad.

Las cuadrillas de amigos se sitúan en torno a las mesas en las que están dispuestos algunos platos típicos de estas sidrerías, consistentes casi siempre en tortillas de bacalao, chuletas asadas a las brasas de carbón vegetal, o también alguna cazuela de pescado primorosamente preparada.

Es el momento de comer estos manjares sencillos pero de gran calidad y bien elaborados, entre los que destaca con nombre propio y por eso lo traemos a esta descripción el más elaborado de todos, pero de realización extremadamente sencilla: la tortilla de bacalao.

La tortilla de bacalao o tortilla Donostiarra, lleva bacalao seco, ajo, perejil, cebolla, sal, aceite de oliva y huevos, aunque como todas las preparaciones culinarias, las variantes son numerosas.

VALORACIÓN NUTRITIVA

Esta preparación recia es apropiada para estómagos y organismos bien dotados.

El bacalao, como no nos cansamos de repetir, es un pescado con muchas virtudes, pero a veces no es recomendable para las personas obesas o hipertensas.

Los huevos son una «mina de oro», culinariamente hablando, pero conviene tenerlos en «su sitio» a la hora de incluirlos en la dieta diaria.

Tortilla de bacalao

Ingredientes: (Para 4 personas)

1/2 kilo de bacalao
8 huevos
3 dientes de ajo
1 cebolla pequeña
Perejil picado
Sal

Desalar el bacalao con 36 horas de antelación, quitarle la piel y las espinas y desmigarlo.

En una sartén con un poco de aceite pochar la cebolla muy picada, y cuando esté medio hecha, añadir los ajos y el perejil picado.

Cuando el ajo empiece a tomar color, añadimos el bacalao desmigado y bien escurrido, y lo rehogamos.

Batir bien los huevos e incorporarlos a la mezcla anterior para hacer con todos los ingredientes una tortilla que quede dorada y jugosa.

Txangurro al horno

El centollo es quizá el único marisco que ha merecido el honor de tener una excelente fórmula culinaria vasca.

Este crustáceo decápodo marino del género *Maia*, tiene el caparazón de forma triangular que se estrecha hacia delante dando sensación de un rostro algo alargado.

La coloración general es pardo-rojiza, más o menos oscura en el dorso, y amarillento-blanquecino en la región ventral.

Miden de 5 a 15 cm. aunque puede llegar a los 20 cm., viven de forma casi sedentaria en fondos rocosos y arenosos, así como en los fangosos con abundantes algas y pequeñas piedras, y puede realizar pequeñas migraciones debido a la temperatura del agua en busca de alimentación.

Es uno de los mariscos más sabrosos y de mayor consumo, pero a veces encontramos que el ejemplar escogido tiene poca carne. Por ello, al escoger entre dos centollos, elija el más feo, el más manchado y de color sucio, porque después de la muda tienen el caparazón muy limpio, bonito y de color brillante, pero su carne es escasa e incluso puede estar vacío, mientras que si ha pasado mucho tiempo desde que hizo la última muda, el centollo de aspecto poco brillante lleva tiempo sin mudar y es más probable que esté lleno.

El centollo o txangurro relleno se prepara a partir del centollo cocido, con algunas variantes en las que entran el ajo, cebollas, zanahorias y tomates, a los que una vez rehogados y fritos se les añade una copa de coñac, otra de vino blanco, a veces algo de harina, sal y pimienta, y se deja cocer. Finalmente se añade la carne del centollo y se rellena el caparazón.

Otra fórmula incopora huevos batidos y

Ventreska de bonito al horno *(página 119)*

cuadraditos de jamón, espolvoreado todo ello por encima con pan rallado y se lleva al horno hasta que esté bien tostado.

Al servirlo se pone encima un huevo cocido picado fino.

VALORACIÓN NUTRITIVA

El centollo, si no se le maltrata culinariamente, compone con los demás ingredientes un plato apto para casi todos.

Su riqueza en proteínas y grasas saludables, así como minerales y algunas vitaminas del grupo B, son emblemáticas. No contiene carbohidratos ni fibra, y tiene mucho sodio, por lo que los únicos que deben cuidar su consumo son los hipertensos y personas con el colesterol alto.

De cualquier modo es una comida que no suele ser muy habitual, casi se puede decir que es un capricho gastronómico, y en este caso, no se prive.

Txangurro al horno

Ingredientes: (Para 4 personas)

1 Centolla o txangurro de 1 1/2 kilo
2 dientes de ajo, 1 cebolla
2 zanahorias
1/2 taza de salsa de tomate casero
2 trozos de la parte blanca del puerro
1 ramita de perejil
1 cucharada de pan rallado
1 copa de buen jerez
1 copa de coñac, 1 cacillo de caldo
Un poco de pimienta blanca

Se pone en un puchero con agua la mitad de las verduras para cocerlas.

Cuando está hirviendo, se echa en el puchero el txangurro vivo, tapar y dejar hervir unos 20 minutos. Pasado este tiempo, se retira del fuego y se deja enfriar.

Una vez frío el txangurro, sacar la carne de las patas.

En una sartén al fuego con el aceite, se pone el puerro, la cebolla, la zanahoria y los ajos, todo muy bien picado, y se deja pochar.

Cuando esté picada toda la carne del txangurro, se mezcla bien, a continuación se le añade la salsa de tomate, la copa de jerez, la de coñac y el caldo. Se une todo bien y con ello se rellena el caparazón del txangurro. Espolvorear con pan rallado, llevar al horno a gratinar y cuando esté gratinado servir en el mismo caparazón.

Txipirones en su tinta

Los jibiones o **txipirones** han llenado de gloria a nuestra gastronomía, y con ellos se creó un plato excepcional en el contexto de la cocina internacional: los chipirones en su tinta.

Elegidos del tamaño de un dedo se limpian bien, cuidando de retirar las bolsas de tinta para su usarlas luego en la preparación de la receta.

La tinta de color oscuro o negruzco, la almacenan estos animales marinos en una glándula especial o bolsa de tinta, que vacían en el agua para ocultarse y protegerse en la huída. Curiosamente, la tinta fresca es venenosa pero pierde su acción neurotóxica al calentarla durante el cocinado.

Las especies de calamar de nuestra península son dos: el calamar común y el calamar veteado, ambos con formas parecidas, aunque se pueden distinguir bien, entre otras cosas, porque el veteado, más frecuente en el Cantábrico, presenta franjas grandes de color rojo burdeos en la región ventral, las cuales no se presentan en el calamar común.

Los alevines de ambas especies, llamados txipirones gozan de gran popularidad sobre todo en la cocina veraniega en los puertos vascos. Aunque sobre el tamaño de los jibiones, hay muchas discusiones en el campo de la gastronomía, ya que unos prefieren los pequeños y otros los grandes o begiandis, cortados en trozos.

VALORACIÓN NUTRITIVA

El valor nutritivo del **txipirón** se asemeja al de los peces planos blancos, tipo lenguado y rodaballo.

Cien gramos de calamar ofrecen unas 100 calorías, y sus proteinas son muy digestibles, parecidas a las de la merluza o el bacalao. La elasticidad de la carne se debe a la presencia de colágeno.

Es un plato extraordinariamente gustoso y espectacular por su colorido y presentación, la famosa salsa negra, que da un aspecto característico a esta receta.

Txipirones en su tinta

Ingredientes: (Para 4 personas)

1 kilo de txipirones
3 cebollas
2 tomates maduros
Aceite de oliva
Un poco de pan

Limpiamos bien los txipirones y rellenamos con sus patas troceadas.

Ponemos una cazuela a fuego suave con la cebolla y los tomates troceados y los dejamos hacer un rato. Colocamos los txipirones encima, los dejamos cocer y cuando están tiernos, los reservamos en un plato.

Añadimos a la cazuela las bolsas de tinta que hemos tenido en agua junto con dos trozos de pan migado para que engorde la salsa y lo pasamos todo por el chino dos veces, para que quede fina la salsa, volvemos a echar los txipirones en la cazuela y dejamos cocer todo junto un rato.

Se sirven solos o acompañados de arroz blanco moldeado y unos trozos de pan frito.

Ventreska de bonito al horno

La ventreska es la derivación popular de la palabra mendresca (de vientre) que hace referencia a la envoltura carnosa de la parte ventral del bonito, de una sola pieza, con forma cóncava y alargada, que debemos procurar que sea fresquísima porque es la parte del pez que antes pierde la calidad.

Una vez escamada y bien limpia, calentar en una sartén aceite, y echar el ajo, la cebolla y el tomate bien picados, colocar la ventreska en una fuente poniéndola sobre el refrito, y meterla en el horno a fuego medio hasta que esté hecha, pero cuidando que no se seque por exceso de calor.

VALORACIÓN NUTRITIVA

La ventreska es un plato de una sencillez extraordinaria, apto para todo el mundo y a la vez muy saludable porque el bonito del Norte es un extraordinario pescado azul muy recomendable por sus cualidades dietéticas.

El ajo, la **cebolla** y el **tomate** complementan perfectamente el acompañamiento vegetal de este plato.

Ventreska de bonito al horno

Ingredientes: (Para 4 personas)

Una ventreska de bonito del Norte de 1 1/4 kilo

5 dientes de ajo

Aceite

Guindilla

2 cebollas medianas

Un poco de vinagre

Limpiamos bien la ventreska, echamos en una sartén puesta al fuego el aceite y la cebolla cortada en aros y dejamos que se haga suavemente.

Colocamos en una fuente de horno el sofrito de cebolla y el aceite, encima ponemos la ventreska y metemos la fuente al horno a fuego fuerte y la tenemos unos 12 minutos, cuidando que no se seque.

Freimos en aceite los ajos, le añadimos unos aros de guindilla y echamos todo por encima, junto con unas gotas de vinagre de vino.

Carnes

Solomillo asado *(página 151)*

Becada (chocha) al estilo de nuestras casas

La becada, «sorda» o «chocha» es un ave migratoria, de unos 30 o 35 centímetros, con un largo y sensible pico que es flexible en su tercio final, y que exhibe el color de las hojas muertas, vive en terrenos pantanosos, y vuela sobre todo en horas crepusculares. Se la encuentra entre octubre y marzo, y despierta grandes pasiones entre los cazadores especializados y los aficionados a la gastronomía.

Muchos la consideran como la reina de la caza de pluma, si ha llegado a alcanzar la necesaria gordura y ha sufrido una mortificación discreta.

El gran gastrónomo francés Vizconde de Chateaurippert, que vivió a principios del siglo XIX, llevaba estas aves en bastos y malolientes bolsillos para forzar su madurez. Este vizconde debía amar las becadas a la manera de Brillat-Savarin, reputado gastrónomo francés, quien afirmaba que estaban en su punto justo de condimentación cuando, colgadas del pico, se desprendía el cuerpo. El espectáculo no debía ser muy grato.

VALORACIÓN NUTRITIVA

La becada preparada al estilo de la cocina tradicional casera, conforma un manjar rico en proteínas, pobre en grasas, y abundante en minerales y algunas vitaminas. La calidad de sus carnes la han hecho propia de un menú «cardiosaludable».

Para algunas personas puede resultar fuerte, sobre todo la salsa, pero sólo para comer de vez en cuando y cuidando el nivel de ácido úrico que contiene.

Becada (chocha) al estilo de nuestras casas

Ingredientes: (Para 4 personas)

4 becadas
4 lonchas de tocino o bacon
8 chalotas
Caldo de carne
2 copas de jerez
1 cucharada de harina
Aceite y sal

Limpiamos las becadas, y las ponemos en una fuente de horno envueltas en las lonchas de tocino, añadimos dos chalotas, el caldo y el jerez, metemos la fuente en el horno a temperatura media y dejamos que se haga todo con cuidado.

Freímos en una sarten las otras dos chalotas, cuando estén hechas añadimos la harina, y echamos el jugo en el que hemos hecho las becadas. Lo pasamos todo por el pasapurés y vertemos la salsa por encima de las becadas.

Callos y morros a la vizcaína

Los callos y los morros componen un plato de siempre de nuestra cocina.

Los callos de ternera son un alimento que forma parte del grupo de carnes que se denominan despojos o de casquería, y se obtienen de los animales una vez sacrificados y transformados en canales para el consumo.

Son piezas de morfología poco definida, pues su origen se encuentra en el aparato digestivo de los animales bovinos, que al ser rumiantes tienen su estómago dividido en cuatro compartimentos diferentes, que son la panza, el bonete (redecilla), el libro y el cuajar.

Los callos son una carne muy elástica y de consistencia firme, abundante en tejido muscular y conjuntivo intersticial, presentan algo de tejido cartilaginoso y una notable cantidad de tejido adiposo. Son de color blanquecino o rosado, y se presentan habitualmente troceados.

Bajo el punto de vista gastronómico tienen un prestigio reconocido en nuestra cocina popular y casera, pero desde el lado dietético son un alimento considerado de menor categoría.

A estas piezas se añaden **los morros** para conformar el plato conocido como callos y morros a la vizcaina. Los morros se forman de los labios del ganado vacuno, preferentemente de las terneras, con las aberturas nasales y algunos trozos de piel, que recubre los fosas supranasales en el labio superior, y la eminencia de la barba en el labio inferior.

VALORACIÓN NUTRITIVA

Los callos y morros a la vizcaína son un plato bravo adecuado para organismos sanos. Los callos en sí son de fácil digestión, lo mismo que los morros, pero los otros ingredientes pueden resultar pesados.

La salsa vizcaina, con unos componenes estupendos, pueden digerirla con dificultad las personas con estómago e hígado delicado. En sí misma, para personas sanas, es muy recomendable.

La receta proporciona placer y salud, pero siempre con moderación.

Callos y morros a la vizcaína

Ingredientes:

1 morro de ternera
1/2 kilo de callos
100 gramos de jamón serrano
50 gramos de chorizo
8 pimientos choriceros
3 cebollas, 1 tomate maduro
2 puerros
Aceite de oliva
Un poco de pan

Limpiamos muy bien los callos y los morros y los ponemos a cocer en la olla a presión, junto con los 2 puerros y media cebolla, hasta que queden tiernos. Los dejamos enfriar, troceamos, pasamos a una cazuela y reservamos.

En una sartén puesta a fuego lento con el aceite, el resto de la cebolla picada y el tomate troceado, dejamos que se haga todo poco a poco.

Limpiamos bien los pimientos choriceros y los ponemos a hervir unos 5 minutos. Una vez cocidos, les quitamos la carne y echamos en la cazuela.

En el agua de cocer los pimientos, ponemos el pan y dejamos que cueza un rato. Lo pasamos por el chino y lo echamos por encima de los callos y morros.

En una sartén con un poco de aceite, freímos ligeramente el jamón y el chorizo troceado, lo echamos en la cazuela, y dejamos que hierva todo junto un rato.

Este plato resulta más sabroso si se hace la víspera.

Callos y morros a la vizcaína *(página 123)*

Capón asado

El capón es un pollo macho, desprovisto de gónadas, es decir castrado mediante un procedimiento generalmente quirúrgico. Es lo que podemos denominar un macho castrado o eunuco entre las aves, que se convierte, cuando llegan las fiestas navideñas, en capricho gastronómico de muchas familias tradicionales.

La presencia de un capón, sabiamente asado en horno de leña, guarnecido con hortalizas invernales, y que presenta dentro de su cavidad abdominal toda suerte de frutos secos y los ricos jugos del ave, es una maravilla que sólo está al alcance de algunas familias rurales en sus caseríos, donde todavía se mantiene el lujo del fuego de leña, y donde conseguir un verdadero capón no supone un desequilibrio económico.

El capón tiene que ser necesariamente aldeano, cebado en un lugar de la zona tranquila de la casa, lejos de las técnicas avícolas actuales que uniformizan la produccion y le quitan personalidad gastronómica.

VALORACIÓN NUTRITIVA

El capón tiene una carne de gran calidad, rica en elementos nutritivos de gran contenido biológico, mucho potasio y fósforo, poco sodio, y cantidades elevadas de vitaminas sobre todo las del grupo B. Su contenido graso y calórico es alto.

El relleno que acompaña al capón, completo y compuesto por diversas verduras elevará su riqueza en calorías y el valor nutricional del plato.

Capón asado

Ingredientes: (Para 4 personas)

1 capón de 3 kilos
6 ciruelas
2 manzanas tipo Golden
70 gramos de piñones
1/2 kilo de carne de cerdo picada
1/2 copa de coñac
Manteca de cerdo
Varias tiras de panceta
Aceite
1/2 cebolla
Un poco de fécula

Para preparar el relleno, se ponen en una cazuela a fuego suave el aceite y la cebolla finamente picada, y le añadimos las manzanas peladas y troceadas.

Dejamos que se dore todo hasta que tome color, añadimos la carne picada, lo dejamos rehogar y añadimos las ciruelas sin hueso, y los piñones, tapamos la cazuela y dejamos que se haga suavemente unos 10 minutos.

Al capón ya limpio, le pincharemos en varias partes del cuerpo con una jeringuilla desechable, en la que habremos puesto el coñac.

Introduciremos por la parte de abajo el relleno y cosemos bien la abertura con un bramante para que no se salga.

Se unta bien por fuera con la manteca, se cubre con las tiras de panceta, y se brida para que no se desprendan.

Poner el capón en una fuente de horno y se mete al horno bien caliente. Cuando esté dorado, bajar el calor y dejar hacer unas dos horas, comprobando que está en su punto antes de sacarlo del horno.

Una vez hecho, sacar el capón a una fuente, quitar la grasa del jugo del asado, poner ésta en un cazo, añadir un vaso de agua, poner al fuego y añadir la fécula para que se ligue bien.

Antes de servirlo, se vierte la salsa por encima del capón.

Civet de liebre

La liebre es, para muchos cazadores, la pieza más representativa de la caza menor.

Este bello animal, cada día más escaso en nuestros campos, es un roedor infatigable, la perfección de su oído es asombrosa, sus ojos amarillos situados a ambos lados de la cabeza le impiden percibir los objetos de frente, por lo que algunas veces se ve obligada a detener su carrera para mirar de lado a sus perseguidores.

Existen en España dos variedades de liebre, la *pyrenaica* que vive desde Vascongadas hasta Cataluña con límite inferior en el Ebro, y la *granatensis*, que se encuentra en el resto de la Península y Baleares.

La liebre en manos de un buen cocinero puede llegar a ser un bocado exquisito pero será preciso disponer de lebratos nacidos a primeros de año, que no pasen de 2 kilos de peso en vivo, mientras las liebres viejas pasan de los 3 kilos y son menos apreciadas.

Se pueden preparar muchos platos con liebre, pero dos son los más interesantes: el «civet», y el «rable», ambos guisos magníficos representantes de la cocina selecta.

El «civet de liebre» consiste en una ligazón hecha con la sangre del propio animal, mientras el «rable» o lomo, se prepara cuando son animales muy jóvenes y no es necesario adobarlos.

El plato de «civet» es bastante complejo en su composición, lleva ajo, cebolla, champiñón, panceta, hay que hacer un marinado, y utilizar las especias al gusto.

VALORACIÓN NUTRITIVA

La liebre tiene más de la mitad (65%) de su cuerpo comestible y el resto, sangre, huesos, vísceras, etc., no se utilizan normalmente.

Su carne, rica en proteínas de excelente calidad, aporta muy poca grasa, apenas tiene colesterol, y presenta cantidades elevadas de potasio, fósforo, otros minerales y muchas vitaminas.

Aporta unas 130 calorias por cada 100 gramos, la misma cantidad que presentan las ciruelas secas o la carne de ternera.

Este plato lo pueden comer todas las personas que tengan un buen aparato digestivo, ya que su composición hace de él un bocado fuerte.

El adobo o marinada a base de vino, ajo, cebolla, laurel, tomillo y otros elementos, tiene por objeto condimentar y si procede, conservar la carne, y dado el carácter silvestre de estos animales, eliminar dentro de lo posible las toxinas que pudiera tener y el sabor fuerte que se origina con la fatiga de la pieza al ser cazada.

Civet de liebre

Ingredientes: (Para 4 personas)

1 liebre
1 copa de brandy
1 litro de vino
3 cebollas
4 dientes de ajo
Harina
Tomillo
Laurel
Aceite
Pimienta negra y sal
200 gramos de champiñones
16 cebollitas francesas
100 gramos de bacon

Pelar la liebre, limpiarla bien, eliminar los despojos del interior y trocearla.

Preparar una marinada con el brandy, la sal, el ajo y la cebolla picados, un poco de laurel, el tomillo, la pimienta y el litro de vino y meter la liebre, ya limpia a marinar durante unas 12 horas.

Sacar los trozos de liebre de la marinada, secarlos, pasarlos ligeramente por harina y freírlos hasta que estén dorados.

Una vez dorados, ponerlos al fuego en una cazuela de barro, echar por encima la marinada y dejar que cueza suavemente.

Pasar los trozos de liebre a otra cazuela limpia, añadir los champiñones, las cebollitas y el bacon salteado, pasar por el chino la salsa y echarla encima de la pieza, dejando que dé un hervor todo junto.

A la salsa se le puede añadir, si se desea, la sangre y el hígado machacado de la liebre, según costumbres.

Codornices con tocino de veta

La codorniz es un ave pequeña, de tonos pardos y arenosos, listada, con patas cortas y casi sin cola.

Tiene forma rechoncha y su hábitat normal son los campos de cereales, praderas, sembrados y zonas herbáceas no demasiado altas ni espesas.

Llegan de su invernada en el mes de abril y se distribuyen prácticamente por todas las provincias. Allá por septiembre nos visita la codorniz de «pasa», a la que el cazador aguarda atento esperando que alguna tormenta las mueva, pues entonces están gordas y dispuestas para su viaje de retorno invernal. Es el momento óptimo y si el cazador encuentra alguna bandada y puede cazarlas, mejor que mejor.

Las formas de preparar las codornices son muy variadas, y van desde fritas o guisadas, hasta en caldereta con cebolla y ajo, con tomate y pimientos, o con lonchas de tocino de veta, que es la que hemos elegido para este plato.

VALORACIÓN NUTRITIVA

Las codornices, como todas las aves, contienen muchos elementos de gran valor nutritivo, y apenas presentan grasas y colesterol, por lo que se pueden considerar tambien carnes «cardiosaludables».

El acompañamiento a base de **tocino de veta** o panceta de cerdo, enriquece el plato en calorías, grasas saturadas y monoinsaturadas, y sobre todo aporta mucho sodio, lo que invalida las virtudes salutíferas de ésta riquisima ave. Algunos pueden comer perfectamente el plato, y otros tendran que dejar a un lado el tocino.

Codornices con tocino de veta

Ingredientes:
(Para 4 personas)

8 codornices
16 tiras de bacon adobado
4 patatas
2 cebollas medianas
Sal
Aceite de oliva

En una sartén con aceite se ponen las patatas y las cebollas partidas en rodajas, se llevan a fuego suave tapadas y se dejan pochar medianamente.

Limpiar las codornices, salarlas, y envolverlas bien con dos tiras de bacon cada una.

Ponemos las patatas y cebollas en una fuente de horno, colocamos encima las codornices y echamos el aceite de la sartén. Se meten en el horno a temperatura fuerte y se dejan hasta que se doren. Bajar el fuego y dejarlas hacer hasta que queden jugosas.

Servir con las patatas las cebollas y unos trozos de pan frito.

Cordero asado

El cordero lechal se cría en toda la piel ibérica, pero nuestras exigencias de gusto y calidad tienen mayor correspondencia en determinadas zonas de Navarra, La Mancha y sobre todo en una amplia zona de Castilla y León, formada por Burgos, Segovia, Palencia y Valladolid, y más concretamente Cuellar (Segovia), Aranda de Duero y Roa (Burgos), Peñafiel y Valle de Esgueva (Valladolid).

Destacan además los corderos de Cerrato, en Palencia, donde se cría la oveja churra castellana, que presenta un cordero de buenas formas, de poco más de diez kilos en vivo, cuya madre se alimenta de rastrojos de trigo, cebada, alfalfa y remolacha, verdadero secreto del gusto particular de sus carnes .

En el País Vasco, se crían dos razas autóctonas, Latxa y Carranzana, cuyas madres pastan en las ricas praderas vascas, y los corderos se alimentan exclusivamente con leche materna natural, con todo su valor nutritivo. Ésto da lugar a canales con un peso de unos seis o siete kilos, de carnes blancas, compuestas de fascículos musculares muy finos y por lo tanto fáciles de masticar, y de gratísimo sabor por su riqueza en gelatina.

Conocido popularmente y valorado por los gastrónomos, el Cordero Lechal del País Vasco tiene características notables que le han hecho merecedor del Label Vasco de Calidad Alimentaria.

El cordero lechal asado en su jugo, precisa que la carne sea de gran calidad y de un punto justo de asado, y se acompaña simplemente de una ensalada refrescante y jugosa.

VALORACIÓN NUTRITIVA

El cordero asado es un plato sabroso de mucho paladar por su riqueza en grasa, aconsejado para organismos sanos y sin problemas de digestión.

Su alto valor calórico y riqueza en grasas saturadas no lo hacen aconsejable para quienes tengan problemas circulatorios. De todas formas es un placer con mucha historia.

Cordero asado

Ingredientes:

1 pierna de cordero
2 dientes de ajo
Un poco de manteca de cerdo
1 limón

Ponemos la pierna de cordero a remojo en un bol grande con agua una hora antes de asarlo.

Pasada este tiempo, la secamos bien, la untamos con la manteca, restregamos bien la pierna con un diente de ajo y el otro lo partimos fino, en tiras y lo introducimos en su carne.

Pasamos la pierna a una fuente de horno, e introducimos en el horno precalentado a unos 200º C.

La dejamos hacer, rociándola de vez en cuando con la grasa que suelta, damos la vuelta, tapamos con papel de aluminio y a última hora, quitamos el aluminio y dejamos que se dore un poco más.

Chimbos o txinbos a la bilbaína

Los chimbos son unos pajaritos pequeños y vivarachos incluidos en la gastronomía de comienzos de siglo hasta los años cuarenta.

Se alimentan de frutos, bayas, semillas, insectos y gusanos, y comprenden varias especies de pajarillos que en otoño, bien cebados en las higueras, perales, manzanos y moreras, sirvieron de comida tradicional en los txakolís, e incluso alimento apreciado en la época dificil de la postguerra.

Diferentes de los de otras areas geográficas donde recibían los nombres de pajaricos, pajarillos, chontas, etc.

Muchos bilbainos los cazaban en las laderas de Artxanda con liga, tiragomas y alguna vez txinbera en mano, y se establecían diferencias entre los deliciosos chimbos de mora, chimbos de higuera, calandrias, txirrisklas, etc. que luego se degustaban fritos en la cazuela o en la sartén.

Fueron símbolo de una época que hizo que los bilbaínos recibieran el apodo de «chimbos», nombre del que siempre nos sentimos orgullosos.

Parece que el mote procede de los vitorianos a los que se llamaba «babazorros» por su afición a comer habas, y éstos llamaron despectivamente «chimbos» a los bilbainos dada su gran afición a cazar y comer estos pajarillos.

Algunos cocineros y restaurantes ofrecen el plato de la época "Chimbos o Txinbos a la bilbaína", fritos en la sartén una vez pelados y bien limpios, con un poco de manteca de cerdo, ajos, harina o pan rallado, perejil, aceite y sal, componiendo una salsa muy al estilo vasco.

Hoy en día son dificiles de encontrar.

VALORACIÓN NUTRITIVA

Debemos considerar a **los chimbos** con todas las virtudes y los defectos de la carne de caza. Son un plato delicioso, pero adecuados para personas de salud a toda prueba.

Pero como hemos dicho con referencia a otras recetas: «una vez al año no hace daño».

Cordero asado *(página 129)*

Chimbos o txinbos a la bilbaína

Ingredientes:

8 chimbos
1 cucharada de pan rallado
2 dientes de ajo
Perejil
1/2 vaso de vino blanco
Sal

Limpiamos bien los chimbos, les quitamos las patas y el pico, y los salamos.

Ponemos una sartén con aceite al fuego, y cuando esté caliente freímos los chimbos y los sacamos a una fuente.

En ese mismo aceite freímos los ajos y el perejil picados, añadimos el vino blanco y dejamos que se hagan un poco.

Echamos la salsa encima de los chimbos y los servimos calientes.

Chuleta de ternera con patatas fritas

La carne de ternera corresponde a un bovino joven, de unos ocho o diez meses de vida y unos 120 kilos en canal, que se ha alimentado con leche exclusivamente -ternera lechal o carne blanca-, o con pasto y pienso además de con la leche materna, en cuyo caso se denomina ternera fina.

Es un alimento de lujo, que debe tener un aroma y sabor especiales que sólo se consiguen a base de razas mejoradas o algunas específicas, y alimentos cuidados.

Desde el punto de vista económico, no interesa sacrificar el patrimonio ganadero del país de ésta forma, porque son animales todavía sin hacer y su rendimiento cárnico es inferior, pero el consumidor busca con frecuencia que las carnes sean tiernas antes que sabrosas, lo que justifica su presencia en el mercado.

La cocina vasca ofrece y presenta estas carnes dando cobertura a una demanda estabilizada y poco exigente.

El lomo, parte anatómica muy selecta de la carne de primera, se sitúa delante del solomillo, y es con éste, una de las piezas más codiciadas. Su carne es sabrosa si tiene la edad o la calidad suficiente, y se protege por su posición en el animal, y la capa de «flor» o grasa superficial que la recubre.

Se llaman «de riñonada» a las chuletas de la región lumbar; «de centro» a las mediadas, y «de cabeza» a las delanteras.

Carne y patatas fritas componen un plato de una simpleza extraordinaria. Si la carne se prepara frita como las patatas, apenas tiene secretos, pero si se hace asada se verá favorecida con extraordinarias aportaciones sensoriales tanto en la superficie como en el grano o trama, llegando a un punto jugoso y tierno ofrecido por el cocinero-asador.

VALORACIÓN NUTRITIVA

Desde el punto de vista nutricional, **la carne de ternera** contiene más agua que las carnes rojas de añojo o de vacuno mayor, una capa de grasa variable con un contenido aceptable de saturados, presenta proteínas abundantes y muy completas, hierro, y proporciones modestas de vitaminas y sales minerales, con un contenido moderado de colesterol, y bastante ácido úrico, lo que hace que los gotosos deban evitar su consumo.

En algunos restaurantes exageran la cantidad de granos de sal en la superficie de la pieza, lo que enmascara el sabor y perjudica a los hipertensos.

Chuleta de ternera

Ingredientes: (Para 4 personas)

4 chuletas de ternera
Sal gorda
Un poco de aceite

Echamos en una sartén puesta al fuego dos gotas de aceite, y cuando esté bien caliente, ponemos la chuleta y dejamos que se haga unos 8 minutos.

Dar vuelta y dejar hacer otros 8 minutos, salar al final, servir enseguida.

Se acompaña de patatas fritas.

Chuletón de Bérriz

El chuletón de Bérriz procede del municipio del mismo nombre situado a poco más de 30 kilómetros de Bilbao, en dirección a Durango por la Carretera N-634, y es famoso porque desde la década de los sesenta se degustan los famosos chuletones de buey o de añojo, que llevan «de peregrinación» a numerosos visitantes deseosos de saborear las ricas carnes del país, preparadas como sólo ellos saben. El éxito de estos restaurantes-asadores de Duranguesado suele redicar en la buenísima calidad de la carne, el punto de asado a la brasa y el acompañamiento sencillo a base de productos del país, a buenos precios.

Cuyando se consumen chuletas de buey, la edad ideal del animal no debe pasar de cuatro años, y lo mismo si se trata de chuletas de vaca. En ambos casos los animales han de estar bien cuidados y alimentados, y si las chuletas son de ternero, lo ideal es que el canal tenga unos 350 kilos de peso y que la carne sea lo suficientemente roja como para satisfacer al paladar.

La chuelta de lomo alto es ancha y está veteada con grasa intermuscular, lo que hace que sea más jugosa que la de lomo bajo, que tiene menos grasa y es más compacta.

El espesor de las chuletas debe tener unos seis centímetros, y con este grosor, las de lomo alto pesarán unos 1200 gramos, y las de lomo bajo unos 900 gramos.

Como dato fundamental, la carne antes de ir a la parrilla necesita al menos unas tres semanas de maduración en la cámara frigorífica a una temperatura de unos 3 o cuatro grados.

La parrilla suele estar inclinada para que la grasa se deslice a lo largo de las varillas y así descienda por ellas, evitando que caiga directamente sobre el fuego y se produzcan llamaradas.

El punto de asado de un chuletón, es un arte, no una ciencia escrita, y se adquiere con la práctica.

Los asadores del Duranguesado consiguen que el chuletón esté bien hecho por fuera y tenga las tres capas que acreditan un buen trabajo: una exterior dorada y muy fina, otra intermedia gruesa y grisácea, y la tercera , roja de carne bien hecha (ni cruda ni pasada), que debe ser la más gruesa.

La presentación de los chuletones se hace cuando están libres de grasa, se cortan a la contra para que la carne quede más tierna, y se sirven en un plato caliente, o en ocasiones, sobre un pequeño asador que mantienen caliente cada bocado.

Este chuletón se acompaña simplemente de unos pimientos verdes de Gernika, o de unos pimientos del Piquillo.

VALORACIÓN NUTRITIVA

El chuletón, desde el punto de vista nutritivo, cosa que se mira muy poco cuando se tiene delante un hermoso chuletón, es un gran alimento que contiene aminoácidos esenciales, vitaminas y minerales, y también contiene ácidos grasos esenciales correspondientes a las grasas saturadas.

Unos y otros, en exceso, pueden ser perjudiciales, aunque hay que pensar que comer un chuletón es una liturgia que se realiza «de vez en cuando».

Por lo tanto cuidado a los gotosos, y si la carne lleva abundantes granos de sal, cuidado también para los hipertensos.

Chuletón de Bérriz

Ingredientes: (Para 4 personas)

2 chuletas de 1200 gramos
Sal gorda
Unas gotas de aceite

Se pone una sartén grande, untada con un poco de aceite, a fuego fuerte.

Colocar el chuletón, dejar cinco minutos, bajar el fuego y dejar otros tres minutos.

Se le da la vuelta volviendo a poner el fuego fuerte y se deja cinco minutos, bajar el fuego otra vez y se deja dos o tres minutos más. Se saca de la sartén, sazonar con sal gorda, quitar el hueso, trocear a la contra y se sirve en un plato caliente.

Chuletón de buey a la bilbaína

El Villagodio o chuletón auténticamente bilbaíno que se presenta en las cartas de toda la geografía hispana, tiene su origen en las veleidades toreras del famoso marqués que en 1909 mandó construir un coso taurino, la placita de Villagodio, en el barrio de Indautxu, en la actual calle de Pozas, pleno centro de Bilbao.

La verdad es que la plaza tuvo escaso éxito porque decían que los toros del Marqués «sólo servían para carne», lo que dió paso a la burla general y al famoso chuletón de novillo, asado a la parrilla, de carne roja, como forma de aprovechamiento de aquellas reses.

Preparar el chuletón de buey a la bilbaína o Villagodio, requiere de nuestros cocineros un arte en el asado y el conocimiento de la posición de los huesos y de los músculos. El grueso de la pieza debe tener alrededor de cinco centímetros y el peso debe estar sobre unos 1200 gramos.

El lomo, pieza anatómica que sirve de base al chuletón, es una carne muy tierna, si tiene los días precisos, y se presenta con el hueso y el solomillo, o deshuesado y sin solomillo.

Generalmente, el chuletón se come tal cual, sin guarnición, quizá con un poco de ajo, perejil, sal y aceite o grasa.

Las costumbres actuales no lo presentan en la mesa entero como antaño, sino troceado para que no se enfríe y los comensales vayan repitiendo a medida que se saca, trinchado con un tenedor y un cuchillo bien afilado, sobre una tabla de madera o en un plato caliente, y procurando cortarlo en el sentido de las fibras para que sea más facil de masticar.

VALORACIÓN NUTRITIVA

El chuletón es rico en proteínas de facil asimilación, pobre en azúcares y abundante en grasa -la carne debe contener la suficiente garsa infiltrada para ser jugosa- lo que hace de él un alimento extraordinario y gustoso.

Olvide la grasa de acompañamiento, que puede resultar perjudicial para la salud, aunque también es cierto (como ya hemos mencionado más de una vez) «que un día es un día».

Chuletón de buey a la bilbaína

Ingredientes: (Para 4 personas)

2 chuletas de 1200 gramos
Sal
Un poco de aceite

La chuleta tiene que ser gruesa y tener la justa cantidad de grasa.

Si la hacemos a la brasa no precisa aceite, pero si la preparamos a la plancha, debemos untar ésta ligeramente con un poco de aceite, y cuando esté muy caliente, pondremos la chuleta y la dejaremos asando el tiempo necesario para que quede a nuestro gusto.

Debemos salar cuando la retiramos de la plancha.

Estofado de carne de toro

La carne de toro de lidia, tradicional en la cocina vasca, vuelve a estar en auge por el incremento del interés de la gente hacia la fiesta taurina, y los restaurantes se esmeran en la preparación de sus platos favoritos, entre los que destaca este estofado.

«Y hasta el rabo todo es toro», es una frase repetida hasta la saciedad por gastrónomos y «toristas». De cabo a rabo, se matan en cada corrida más de dos toneladas de carne noble, criada con mimo en las dehesas, que aportan solomillos, chuletas, criadillas y otras piezas, sobre todo para guisar, y el exquisito rabo, casi la única parte anatómica que se salva de las vicisitudes del toro en la plaza.

Desde el punto de vista carnicero, el bovino de carne es, en la tipología zootécnica moderna, un animal favorable a las oxidaciones lentas, con buena cobertura de grasa, preparado para su final en la carniceria. Mientras que el toro de lidia corresponde al tipo respiratorio, con rápidas oxidaciones a las que se ha acostumbrado en el campo, de cuerpo largo y magro, con destacado morrillo y predominio del cuarto anterior sobre el posterior, una vez obtenida la carne es poco adecuado para el consumo aunque la carne producida, en un primer intento, sea excelente.

Si a ésto añadimos que los animales jóvenes, becerros y utreros no se lidian, quedan para las plazas novillos y toros, bichos de cuatro o cinco años de carnes sápidas pero secas y musculadas.

Y ya se sabe que la grasa es necesaria y fundamental para producir un animal para la carnicería, aunque algún «torista» diga que ya está bien de piensos compuestos. Además, las reses que se destinan a carne necesitan un descanso previo al sacrificio en el matadero, lo que se llama «dieta», y una rápida y exhaustiva sangría. Todo lo contrario ocurre con el toro de lidia, que, por las circunstancias del juego taurino, tiene una actividad física prolongada en el ruedo, lo que descompone las tres condiciones básicas que debe reunir una carne de consumo: ser sana, sabrosa y tener buen aspecto.

Se queda con la primera y, aunque pudiera alcanzar la segunda, nunca llegará a la tercera.

Sus condiciones de vida casi salvaje, a semejanza de lo que sucede con los cérvidos y otros animales de caza que viven en libertad, hacen que desarrolle unos músculos magros y carnes duras, a lo que debemos añadir que se sangran después de la lidia y tras un violento esfuerzo, lo que produce una fuerte oxidación del glucógeno muscular, falta de oxigenación y exceso de anhídrido carbónico en los músculos, conformando una carne fatigada, cargada de ácido láctico, que dificulta los procesos de maduración y da origen a un producto oscuro y oxidado.

De esta carne, o de la de sus congéneres machos o hembras, se ha popularizado como pieza apta para la cocina el rabo o región caudal y sus alrededores, las criadillas, el solomillo y el morcillo.

Aunque hay que precisar que en la mayor parte de los casos, incluso en lo que atañe al rabo, estas partes carnosas se extraen del hermano castrado del toro: el buey, o, más seguramente, de la vaca o del novillo que no ha corrido la plaza, no ha alternado con otras reses en las dehesas y no sabe de caídas, con lo que se consigue una carne excelente para las carnicerías.

VALORACIÓN NUTRITIVA

La carne de toro tiene grandes cantidades de proteínas de calidad, y poca grasa debido a la vida semisalvaje que este animal lleva en las dehesas, no posee glúcidos o azúcares y contiene todas las vitaminas y minerales propios de la carne.

Este plato está indicado para todos los que gozan de buena salud, y deben evitarlo todas aquellas personas que tengan el estómago débil o un nivel de ácido úrico elevado.

Estofado de carne de toro

Ingredientes: (Para 4 personas)

1 kilo de carne de aguja de toro
2 cebollas
1 tomate
2 zanahorias
3 dientes de ajo
350 gramos de patatas
Un poco de harina
1 cucharada de vinagre
1 botella de buen vino tinto
Aceite y sal

Trocear la carne y enharinarla ligeramente. Poner una cazuela con aceite al fuego, y cuando esté caliente, añadir la carne y dejar que se dore. Se añade el tomate pelado y picado en trozos pequeños y los ajos enteros. Cuando tomen un poco de color, añadimos el vinagre y lo dejamos reducir un par de minutos.

Pollo asado *(página 148)*

Incorporar la cebolla picada, las zanahorias cortadas en rodajas, el vino y bajar la intensidad del fuego. Remover de vez en cuando con una cuchara de madera.

Tapar la cazuela y dejar que cueza todo una hora y media, en caso que sea necesario añadir algo de agua poco a poco.

Cuando falte poco para que esté hecha, añadir las patatas troceadas y poner la sal.

Lengua de ternera en salsa

La lengua de ternera, órgano carnoso procedente de la cabeza de los bovinos, es un alimento muy popular en la gastronomía casera, y tiene un lugar de honor en los restaurantes.

Al no ser una pieza a la que se pueda incluir dentro de la llamada «canal de la res», la lengua se la considera perteneciente al grupo de los despojos.

La lengua, limpia de sus adherencias faríngeas hioideas (la llamada «cargadura»), se compone de cinco músculos intimamente unidos por un armazón fibroso que le dá el aspecto de pieza única. Su carne es un manjar exquisito, con un grato sabor que procede de la íntima trabazón de los elementos musculares y grasientos.

Aunque la lengua se puede adquirir en fiambre, en escarlata o cruda, nosotros optamos, como ingrediente de la cocina casera tradicional, por esta última, pero eso sí, bien limpia.

VALORACIÓN NUTRITIVA

La lengua es considerada un alimento de los que aportan a la dieta unas proteínas de alto valor biológico, y en menor medida grasas. Es buena fuente de potasio y fósforo y a la vez es pobre en calcio. Contiene hierro y todas las vitaminas del complejo B.

Como el resto de los despojos es muy nutritiva, fácilmente digerible y, por lo general, bastante económica. Sus cifras de ácido úrico son bajas, pero las de colesterol son elevadas.

Conviene comerla con cierto cuidado, si la salsa es suave, no tiene prácticamente contraindicaciones... para comer de vez en cuando.

Lengua de ternera en salsa

Ingredientes:

1 lengua
Harina
Huevos
1 cebolla
2 zanahorias
2 tomates
1 manzana del tipo Golden
1 vaso de vino tinto
Sal

Limpiamos la lengua de adherencias y de fibras y la cocemos en agua con un poco de sal.

Cuando ya está cocida y tierna, la retiramos, la dejamos templar y quitamos la piel. Una vez pelada, la partimos en rodajas, y rebozamos éstas en harina y huevo y las vamos poniendo en una cazuela, reservándolas.

En otra cazuela, puesta al fuego, echamos aceite y le añadimos la verdura picada y la manzana y dejamos que cueza todo un rato.

Echamos una cucharada escasa de harina, removemos bien para que quede ligada la salsa, añadimos el vino y un poco de agua.

Dejamos que se haga bien la salsa, la pasamos por el chino, la vertemos por encima de la lengua y dejamos que cueza todo junto unos 10 o 15 minutos.

Manitas de cerdo a la vizcaína

El cerdo es una animal doméstico, entroncado durante siglos en la vida de los caseríos vascos, del cual se obtiene gran cantidad y variedad de tipos de carne para alimentarse durante todo el año. Del cerdo se aprovechaba todo, y todavía es así en muchos caseríos.

Las manos de cerdo son un alimento poco común que forma parte de las carnes denominadas de casquería o despojos, y se obtienen en la fase muy terminal, una vez sacrificados y transformados los animales en canales de carne para su consumo.

Las manos de cerdo tienen una forma bien definida y por todos conocida, e incluyen las partes óseas y cartilaginosas de las patas, junto con la piel que recubre los músculos y tendones. Están compuestas por gran cantidad de tejido conjuntivo, elástico y cartilaginoso, y aunque su valor gastronómico es secundario y poco relevante, cuando están bien preparadas, dentro de la cocina tradicional, pueden llegar a convertirse en un plato excelente.

Las manitas de cerdo en salsa vizcaína son muy apreciadas y constituyen un plato tradicional de restaurantes de cocina clásica, aunque los cocineros creativos las incluyen, también en sus preparaciones, con otros estilos más avanzados.

VALORACIÓN NUTRITIVA

Plato artístico pleno de color y atractivo, es una maravilla de la cocina vasca.

Si está libre de achaques, degústelo con placer, pero por el contrario no es apto para gotosos, arterioscleróticos ni diabéticos, a pesar de la delicadeza y valor que le aporta la salsa vizcaína.

Son un placer, para degustarlas en días contados.

Manitas de cerdo a la vizcaína

Ingredientes:

4 manos de cerdo
1 cebolla
Perejil
2 zanahorias
150 gramos de jamón y chorizo
Para la salsa vizcaína:
2 cebollas
8 pimientos choriceros
1 tomate
1 trozo de pan
Aceite

Para hacer la salsa vizcaína, poner al fuego una cazuela con aceite, añadir la cebolla picada, y dejarla hacer suavemente, añadir el tomate partido en trocitos pequeños, tapar la cazuela y dejar que se haga todo suavemente.

Lavar y despepitar los pimientos choriceros, ponerlos a cocer en agua, y una vez cocidos, retirarles del agua y quitarles la carne con un cuchillo afilado.

En el agua de cocer los pimientos remojamos bien el pan y lo echamos en la cazuela con parte del agua de cocer los pimientos y la carne de los mismos, removermos todo bien y lo pasamos dos veces por el pasapurés.

Limpiamos bien las patas, las partimos por la mitad a lo largo, ponemos agua en un puchero, echamos las verduras y añadimos las patas, dejándolo cocer todo durante una hora y media o dos horas.

Las retiramos cuando estén tiernas y las ponemos en la salsa vizcaína, dejándolas cocer hasta que estén en su punto.

Menestra de cordero

Aunque se sabe que a mediados del siglo pasado, algunos guisados o potajes hechos con verduras y legumbres gozaban del aprecio popular, la menestra como tal se concibe actualmente es una receta relativamente moderna.

Probablemente su propagación se debió, como la de toda las verduras en general, al descubrimiento de su importancia gastronómica.

En los ultimos años, de gran trascendencia dietética en lo referente a su consumo, al saberse que las vitaminas y minerales que proporcionan son importantes para la salud, que las calorías o mejor, que las pocas calorías que en general tienen las verduras ayudan enormemente a llevar una dieta sana, y que las fibras que casi siempre tienen, que ayudan a mejorar el tránsito intestinal, han elevado a la categoría de plato de gran calidad a las verduras.

La menestra es, sin duda alguna, el compendio, la receta cumbre de la amplia gama de verduras típicas de nuestras huertas, bien sean famosas como las navarras, murcianas, castellanas, las de la Ribera del Ebro, o sencillamente aquellas que proceden de las huertas familiares.

Probablemente, la menestra auténtica reconocida por los gastrónomos y restaurantes de élite, sea la de Tudela, que únicamente admite cuatro verduras «distinguidas» en su composicion: alcachofas, espárragos, guisantes y habas, y que se prepara en primavera.

Cualquier tiempo, no obstante, es bueno para degustar una buena menestra.

VALORACIÓN NUTRITIVA

La menestra es un plato de extraordinaria sencillez, donde las verduras como las alcachofas, los espárragos, los guisantes y las habas, se preparan en compañía de otras como las acelgas, las zanahorias, los ajos, las cebolla, etc., y con el añadido de la carne de cordero, tradicional y típico de la menestra de Tudela.

La carne de cordero lechal, que se utiliza en este plato, es gustosa al paladar, pero tiene mucha grasa, por lo que finalmente el plato puede resultar algo pesado para aquellas personas que tengan problemas estomacales o que padezcan de digestiones pesadas.

Por otra parte, deberán controlar su consumo todas aquellas personas que tengan problemas de exceso de peso.

Menestra de cordero

Ingredientes: (Para 4 personas)

2 kilos de cordero
1 cebolla grande
2 puerros
2 zanahorias
3 dientes de ajo
2 tomates
1/2 litro de vino blanco
Aceite de oliva y sal
Para la menestra:
8 puntas de espárragos
8 pencas de acelgas
2 alcachofas
2 zanahorias
250 gramos de guisantes finos
200 gramos de setas
4 lonchas de buen jamón
1 huevo
Harina para rebozar
Aceite
Sal

Primeramente partimos las zanahorias a la mitad y cada una de ellas de nuevo en tres partes a lo largo, partimos las alcachofas en cuatro trozos.

Para hacer la menestra, cocemos la verdura por separado. Las pencas de acelga, las zanahorias y las alcachofas, las freímos después de pasarlas por harina y huevo. Reservamos todo manteniéndolo caliente.

Para hacer el cordero, ponemos una cazuela con aceite a fuego vivo, echamos la cebolla, los ajos, las zanahorias, los puerros y los tomates.

Cuando empiece a dorarse todo, añadimos el cordero troceado, y dejamos que se vaya dorando removiéndolo un poco, de vez en cuando, para que no se pegue.

Cuando esté medio dorado, añadimos a la cazuela el vino blanco, bajamos el fuego, tapamos la cazuela, salamos y lo dejamos cocer todo junto unos diez minutos, se cubre todo con agua y se deja cocer durante una hora u hora y media.

Una vez en su punto, sacamos la salsa de la cazuela y la pasamos por el chino.

Se pone la salsa, las verduras que hemos cocido y las verduras rebozadas que tenemos reservadas encima del cordero, salteamos las setas y el jamón, las repartimos por encima de todo y dejamos que hierva todo cinco minutos a fuego lento antes de sevir.

Morcillas asadas al horno con pimientos del Piquillo

La morcilla, «odolki» o «tripot», no es otra cosa que tripa de cerdo u otro animal, rellena de sangre condimentada.

Se preparan generalmente con sangre de cerdo, tocino o manteca, cebolla, puerros u otras verduras, arroz, sal, especias principalmente tomillo común, canela, pimienta negra o blanca, ajo, orégano y azúcar (según las costumbres de cada lugar), todo ello embutido en tripa natural o artificial y cocidas, aunque hay algunos tipos que se presentan crudas.

El País Vasco, bajo la influencia de las cocinas francesa, mediterránea y de la meseta, cuenta con varios tipos de morcillas.

En Vizcaya, la morcilla «odoloste», lleva sangre de cerdo, cebolla, manteca en rama, arroz y a veces puerros, sal, orégano y pimienta, mientras en Guipuzcoa la «buskantza» o morcilla de sangre de oveja lleva sangre de este animal, sebo de oveja, cebolla, arroz, sal, pimienta y orégano.

En ambos casos, la preparación de las morcillas es consecuencia de la matanza del cerdo o de las ovejas en los caseríos, y se consumen cocidas, fritas en aceite, o al horno, sin apenas curación.

El pimiento del Piquillo, es un pimiento excepcional, de color rojo fuerte, con dos o tres lóbulos, y de sabor característico fino y profundo, que en Lodosa alcanza singular calidad, y acompaña perfectamente a este plato de gran colorido y ricos contrastes.

VALORACIÓN NUTRITIVA

La morcilla es un gran alimento porque la sangre cocida por sí sola ya lo es.

Este plato, rico en grasas y especias, con el añadido de los pimientos, es apto para organismos jóvenes o fuertes, que soporten bien una digestión pesada. No es adecuado para las personas obesas o diabéticas.

Morcillas asadas al horno con pimientos del Piquillo

Ingredientes: (Para 4 personas)

4 morcillas
1 kilo de pimientos de asar
Aceite de oliva
Un poco de azúcar y sal
2 ajos

Asamos los pimientos, los pelamos y los partimos en tiras. Ponemos en una cazuela aceite, la llevamos al fuego, echamos los ajos fileteados, y seguidamente añadimos un poco de azúcar y sal, y los pimientos, dejando que se haga todo suavemente.

Ponemos las morcillas, que previamente habremos pinchado, en una fuente, y las metemos en el horno caliente; las tendremos en el horno de 10 a 15 minutos según sea su grosor.

Las servimos acompañadas de los pimientos rojos.

Pato a la naranja

La palabra **pato** se utiliza para denominar a diversas especies de aves anseriformes de la familia de las anátidas, que tienen como característica común el pico ancho, el cuerpo redondeado, y el cuello y las patas cortas. Los hay nadadores, buceadores y domésticos, estos ultimos criados especialmente para obtener huevos.

La caza de estas aves acuáticas se practica exclusivamente en la «contrapasa» ya que en la «pasa» y una vez salvados los Pirineos, no hay obstáculo que detenga a estos grandes viajeros en su camino hacia el Sur de la Península.

Pero las necesidades gastronómicas, han hecho que el placer de degustar estas aves salvajes se haya visto aumentado por el desarrollo y crianza de patos para aprovechamiento de su hígado y carne, previo cebado.

En éste caso se utilizan patos Mulard, producto del cruce de un macho Barbarie (pato mudo) y una pata de raza común.

Estos patos crecen rápidamente, en tres meses alcanzan los cuatro kilos, y luego encerrados durante dos semanas son obliga-

Rabo de buey *(página 149)*

dos a comer maiz, lo que les produce una hipertrofia del hígado, mientras por otro lado se aumenta la producción de carne dedicada al consumo.

El pato salvaje es una pieza de caza, apreciada en los restaurantes durante su época de caza, que puede consumirse asado, guisado o relleno, entre otras formas, mientras las pechugas pueden comerse frescas como «magret», y asadas, fileteadas o curadas recibiendo el nombre de jamón de pato, o se puede tomar en forma de «confit» elaborados con patos bien cebados y muy ricos en grasa, a los que se les desprenden los muslos y las alas, y se ponen en salazón, para que una vez bien lavados, cocerlos con su grasa y guardarlos.

VALORACIÓN NUTRITIVA

El pato presenta en su carne una gran proporción de grasa de gran valor nutricional, y es por eso por lo que tiene una gran cantidad de calorías y proteínas.

En la grasa del pato predominan las monoinsaturadas saludables (casi tanto como la suma de saturadas y poliinsaturadas), mucho sodio, presenta elevadas cantidades de potasio y de fósforo, y también cantidades significativas de vitamina A y ácido fólico.

Contiene menos colesterol que la carne de pollo, y su riqueza en grasa llega a alcanzar el 15%.

Este es un plato fuerte debido a sus ingredientes, y es propio de personas sanas que puedan digerirlo sin problemas.

Pato a la naranja

Ingredientes: (Para 4 personas)

2 patos de 1 kilo cada uno
3 cebollas
2 zanahorias
3 naranjas
4 cucharadas de azúcar
1 copa de coñac
1 copa de Curaçao
1/2 copa de Cointreau.

Poner aceite en una cazuela a fuego vivo y cuando esté caliente incorporar los patos y dejar que se doren bien.

Una vez dorados se baja el fuego y se añaden las cebollas y las zanahorias peladas y muy picadas y dejamos que se hagan unos veinte minutos.

Se pelan las naranjas y se reservan los gajos, se pican en juliana fina las pieles y se ponen a cocer con medio vaso de agua y dos cucharadas de azúcar, hasta que se consuma el agua.

Entonces, se ponen en la cazuela los patos y las verduras, y añadir el concentrado de naranja, el coñac, el Curaçao, flamear y añadir un poco de agua.

Cuando estén hechos los patos se retiran de la cazuela, y se pasa la salsa por el chino.

Mientras, se echa en un cazo un vaso de agua con las otras dos cucharadas de azúcar y la media copa de Cointreau. Cuando hierva, retirar, echar los gajos de las dos naranjas y dejar macerar media hora.

Partir los patos en cuatro partes, se cubren con la salsa y los gajos de naranja con su jugo, y dar un último hervor.

Pavo asado

Cuentan las crónicas que Quinto Hortensio, orador romano que vivió en el siglo I a. C., adversario de Cicerón y luego amigo suyo, puso de moda en sus banquetes el pavo real como manjar de lujo, y ésta costumbre se prolongó durante la Edad Media en la que el pavo real o pavón se convirtió en el plato más aparatoso y distinguido que podía presentarse en una mesa.

El pavón fué destronado cuando, con el descubrimiento del Nuevo Mundo, llegó a Europa **el pavo común**, que fué traido de México a España.

Perfectamente aclimatado, especialmente en Extremadura y Andalucía, este ave se considera un manjar de regalo especialmente en las fiestas navideñas, y figura como plato estrella en numerosos restaurantes y casas particulares.

Para que el pavo resulte un manjar delicioso ha de ser joven y estar bien cebado, aunque hasta que cumpla el medio año tampoco estará en sazón. El animal joven se denomina pavipollo, y resulta exquisito cuando está todavía a medio cebar.

En la actualidad, se presenta al consumo despiezado, pudiéndose adquirir pechugas, muslos y otras denominaciones comerciales.

Rellenado en su interior con varias farsas, la mayoría de ellas hechas con carnes y frutos secos, en pepitoria, en escabeche, o siplemente asado como proponemos, es un plato exquisito.

VALORACIÓN NUTRITIVA

El pavo es el ave cuya carne tiene más proteínas, hasta el 32%, no tiene mucha grasa y en ellas predominan las saturadas y las monoinsaturadas, presenta bastante colesterol, mucho potasio y fósforo, y su carne apenas tiene sodio.

Su carne es rica en casi todos los nutrientes, pero exige del comensal prudencia, sobre todo a las personas obesas.

El acompañamiento, generalmente a base de hortalizas, frutas y especias, puede aliviar la composición final del plato.

Pavo asado

Ingredientes:
(Para 4 personas)

1 pavo de 3 kilos

2 copas de coñac

1 vaso de los de agua de caldo de ave o de verdura

3 cucharadas de manteca

Sal

Limpiar bien el pavo, salar, untar con la manteca y poner en una fuente de horno.

Se introduce al horno ya caliente y se deja que dore ligeramente, le añadimos la mitad de coñac y del caldo, bajamos la temperatura del horno y lo dejamos hacer una hora y media o dos horas.

A media cocción le añadimos el resto del coñac y del caldo y seguimos horneando hasta que esté en su punto.

Perdiz escabechada

La perdiz es un ave gallinacea de cuerpo rechoncho y casi sin cola, con el cuello corto, la cabeza pequeña y el plumaje color ceniciento rojizo.

Es abundante en España, donde vive en las rastrojeras y monte bajo, anda más que vuela, se alimenta de semillas silvestres, y su carne es muy estimada.

En nuestro país siempre ha existido abundante perdiz roja siendo más escasa la presencia de la perdiz pardilla, mientras que la perdiz nival frecuenta el Pirineo Oriental.

La perdiz tiene una carne exquisita aunque algunos estiman que su pechuga es un poco seca, siendo mejores los ejemplares jóvenes llamados también perdigones.

Es normal que los muslos tengan un color sonrosado oscuro y la pechuga sea casi blanca. Es el ave más adecuada para iniciarse en la degustación de la carne de caza, y según sea su tamaño, una pieza puede servir para una o dos personas.

Aquello de «la carne de perdiz que dé en la nariz», ya no está de moda, afortunadamente, porque una cosa es madurar la carne en el frigorífico y otra comer carne alterada, de olor casi repugnante y ablandada excesivamente.

El escabeche es un extraordinario legado árabe que significa «guiso de carne con vinagre», en definitiva, es una salsa o adobo hecho con vinagre, hojas de laurel y otros ingredientes empleados para hacer más sabrosas las carnes, pescados, verduras y otros manjares.

VALORACIÓN NUTRITIVA

La carne de perdiz es saludable, incluso cardiosaludable, porque carece de grasas, tiene muy pocas calorías y es pobre en colesterol.

Es una carne magra que contiene alrededor del 20% de proteínas, el 1,5% de grasas, carece de azúcares, y presenta muchos minerales como el hierro y el fósforo.

Debe cocinarse suficientemente, sin comerla casi cruda o sangrante, porque nuestros tiempos no son, desde el punto de vista sanitario, los de Brillat-Savarín, en los que se dejaban colgadas las piezas al aire hasta que, podrido el cuello, caían al suelo.

Ni muy hecha, ni cruda : en su punto.

No la puede comer todo el mundo, y aquellas personas con un sistema digestivo frágil, deben abstenerse, ya que la caza contiene a menudo toxinas que genera el animal por cansancio antes de ser abatido.

También deben ser prudentes las personas con gota, ya que está carne contiene unos 115 mg. de ácido úrico por cada 100 gramos. No es recomendable para ancianos y niños ya que requiere una condimentación complicada.

Las cebollas, **ajos**, **zanahorias**, **puerros**, **especias** e incluso el **vinagre**, pueden ser interesantes para equilibrar el plato.

Perdíz escabechada

Ingredientes: (Para 4 personas)

4 perdices
1 cebolla grande
2 zanahorias
1 puerro
10 dientes de ajo
3 clavos
3 hojas de laurel
10 granitos de pimienta
1 vaso de aceite de oliva
1 vaso de vino blanco
1 vaso de vinagre de jerez
1 vaso de agua
Sal

Pato a la naranja *(página 142)*

Pelar y limpiar las perdices, bridarlas con un bramante, freírlas en una sartén y reservarlas.

Poner un puchero con aceite a fuego suave, echar las cebollas, el puerro y las zanahorias, todo partido en juliana.

Dejar que se haga todo 10 minutos, añadir los ajos, el laurel, los clavos y la pimienta y a continuación colocar las perdices con las pechugas hacia abajo. Se echa el vino blanco, el vinagre y el agua.

Tapar la cazuela y dejar cocer a fuego suave dos horas.

Transcurrido este tiempo, se dejan reposar, como mínimo, unas seis horas en el mismo puchero.

Pasar las verduras y servir las perdices partidas por la mitad, con la crema de verduras.

Pollo asado

El pollo tradicional destaca entre los productos de calidad que se han dado tradicionalmente en los caseríos vascos.

Hoy en día se ha mantenido su consumo en círculos muy restringidos y prácticamente ha desaparecido del mercado absorbido por los pollos criados en granjas.

La verdad es que el pollo de crecimiento rápido o de granja, ha mantenido durante un cuarto de siglo el atractivo que proporciona un plato que hizo época y luego se adaptó a las necesidades del consumidor, y que ha resuelto a las amas de casa, numerosos problemas de estrategia culinaria. Han sido generalmente, baratos, sabrosos y bien aceptados.

Hoy los tiempos cambian, y a la oferta del pollo de granja, se une la del pollo tradicional, de caserío, alimentado con productos del campo, que presenta sabores auténticos. El mundo de la gastronomía, por su parte, busca también nuevos valores e investiga cada vez más en la cocina tradicional, dejando bien sentada la gran importancia de los productos de calidad para obtener platos eternos.

VALORACIÓN NUTRITIVA

La carne de pollo es apta para todos, desde los niños de pocos meses que la mezclan en sus papillas, hasta los ancianos.

Es digestiva, rica en proteínas de fácil asimilación, pobre en grasas y sodio, lo que la hace apta para todos.

Las personas mayores y las que tienen un nivel de colesterol alto, no deben comer la rica y crujiente piel.

De todas formas el pollo de caserío es un valor seguro en la alimentación.

Pollo asado

Ingredientes:

1 pollo
1 manzana
50 gramos de manteca
1 copa de coñac
Sal

Limpiamos bien el pollo, pelamos y troceamos la manzana y la ponemos en un bol junto con el coñac.

Untamos bien el pollo con la manteca, lo salamos y ponemos dentro del pollo los trozos de manzana y el coñac. Cerramos el pollo con un palillo y lo metemos al horno bien caliente hasta que se dore, después bajamos el fuego y dejamos que se haga hasta que quede jugoso.

Rabo de buey

El rabo, hueso en gran parte formado por los coxígeos, tiene en la base unas tiras musculares correspondientes a los huesos terminales de la espina dorsal, que previa cocción y preparación sirven para presentar magníficos platos estofados.

El rabo de buey, o más frecuentemente de ternera y excepcionalmente de toro de lidia, requiere en su preparación mimo y tiempo, a la usanza de nuestros antepasados.

VALORACIÓN NUTRITIVA

Cuando nos referimos **al rabo** sabemos que la mitad del mismo no es comestible, se compone de una ración de musculos y grasa que rodean los huesecillos terminales, y el plato supone una aportación de más de 500 calorías.

A ello contribuye el hecho de que en sí mismo, el rabo contiene bastante grasa y la receta además lleva **aceite**, **harina**, **cebolla**, **zanahorias**, **puerros** y **caldo de carn**e, lo que da lugar a la presencia de grasas saturadas y a una elevación de las cifras de purinas, que hacen subir el nivel general de ácido úrico.

Las grasas y las proteínas que contiene, limitan el consumo de este rico plato a las personas que tienen su corazón y arterias libres de problemas.

Rabo de buey

Ingredientes:

2 rabos
1 litro de vino tinto
1 cebolla
2 zanahorias
2 tomates
2 puerros
2 dientes de ajo
Aceite

Se parte el rabo en trozos, lo pasamos ligeramente por harina, lo ponemos en una cazuela con el aceite bien caliente, y lo rehogamos.

Añadimos la verdura pelada y picada y dejamos que se siga rehogando todo junto un rato, añadimos vino y agua, y dejamos que cueza suavemente como una hora y media.

En caso necesario añadiremos algo más de agua.

Cuando el rabo ya esté hecho, lo sacamos, pasamos la salsa por el chino, volvemos a juntarlo todo y dejamos cocer un poco más antes de servirlo.

Salmis de paloma

Ultimamente se encuentran muchas cartas de restaurantes donde se ofrecen suculentos platos de paloma. ¡Ya era hora!

Porque, bien sea por falta de pericia de los cazadores o por la escasa demanda, la paloma brillaba por su ausencia.

Por descontado, hablar de la famosísima paloma de Echalar o de las zonas de Roncesvalles, el Roncal o el Baztán donde la caza se convierte en un deporte fascinante, supone que muchos gastrónomos se incorporen a la práctica de está caza por el simple y nada desdeñable placer de acercarse a un manjar tan delicioso.

De todas las palomas, las más comunes en España son **la paloma torcaz**, **la paloma bravía** y **la paloma zurita**, que tienen carne seca y prieta que pone a prueba las habilidades del cocinero y que muchos, erróneamente, enmascaran a base de grandes cantidades de salsa.

El salmis es una palabra francesa que hace referencia al guiso que se hace para cierta caza de pluma empleando las tripas del ave, aunque a muchos restaurantes ya llegan peladas y limpias.

La preparación del plato es compleja y brillante, cargada de productos de la huerta, vino y coñac, todo un complejo mundo de sabores.

VALORACION NUTRITIVA

De la paloma, apenas la tercera parte de la pieza es comestible, lo que determina un valor relativamente alto en relación al placer que proporciona.

Es una de las carnes con un índice más elevado de riqueza en proteínas de excelente calidad, grasa saturada con un aporte interesante en monoinsaturada, bastante colesterol, mucho potasio y fósforo, y pocas vitaminas.

Tiene muchas calorias, tantas como 200 por cada 100 gramos de alimento.

La preparación de esta receta da origen a un plato con numerosos ingredientes que exige tener buena salud en el más amplio sentido de la palabra, aunque se realice con una carne que está dentro de las llamadas «cardiosaludables».

Salmis de paloma

Ingredientes: (Para 4 personas)

4 palomas
2 cebollas
2 zanahorias
1 puerro
2 dientes de ajo
1 tomate
1 hoja de laurel
6 granitos de pimienta negra
1 vaso de vino tinto
1/2 litro de caldo

Limpiamos bien las palomas, las quitamos la cabeza, las quemamos a la llama de alcohol para quitar los cañones de las plumas y las atamos con un bramante de cocina.

Se colocan las palomas en un puchero con aceite puesto al fuego para que se doren.

Cuando tomen color, les añadimos las verduras picadas y la pimienta y dejamos cocer a fuego medio unos 10 minutos, agregamos el vino y luego el caldo, y las dejamos cocer más hasta que estén bien hechas.

Cuando estén cocidas, retiramos las palomas, y pasamos las verduras por la batidora y después por el chino.

Añadimos la salsa a las palomas y las damos un hervor.

Podemos acompañar a las palomas con pan tostado untado de foie-gras.

Solomillo asado

El solomillo es el rey de las carnes y para muchos el rey de la cocina.

Esta pieza, la más apreciada de las reses y sobre todo el vacuno llamada también solomo (por su posición debajo del lomo), está formada por tres músculos de desigual desarrollo llamados psoas a los que incorporan pequeñas partes de otros.

Forman un grupo muscular de forma alargada y aplastada, con fibras largas y extremadamente tenues, de gran expansión, que definen una masa carnosa de gran calidad.

Después de este breve recuerdo anatómico, inevitable por otra parte para centrar y definir la pieza, hay que decir que los músculos no se crearon para ser comidos por el hombre, sino primordialmente para desarrollar fuerza motriz, o sea, que son piezas de la mecánica animal antes que trozos de alimento, y el solomillo, por su posición en el animal bajo el lomo, es una pieza que apenas desarrolla trabajo, rica en fibras musculares y por ello tierna y de gran calidad en carniceria.

Un solomillo es una fiesta culinaria simplemente asado al horno acompañado de su jugo y unas verduras.

VALORACIÓN NUTRITIVA

El solomillo es una carne de gran calidad y no se le puede poner una sola pega.

Acompañado de una **guarnición de verduras**, es un plato excelente y muy adecuado para todo el mundo.

Un auténtico lujo gastronómico.

Solomillo asado

Ingredientes:

1 centro de solomillo de 1 kilo
2 tajadas de jamón
Aceite
Para la salsa:
1 cebolla
2 puerros
1 copa de vino tinto

Ponemos en una cazuela el aceite y cuando esté caliente colocamos el solomillo que previamente habremos atado en redondo con un bramante.

Le damos unas vueltas a fuego vivo, bajamos el fuego, y tapamos la cazuela dejando que terminen de hacerse al gusto de cada uno.

Como promedio, lo dejaremos una media hora por cada kilo, pero hemos de tener en cuenta el grosor del solomillo.

Para hacer la salsa, ponemos en un puchero un poco de aceite y cuando esté caliente echamos la cebolla y los puerros picados, dejamos que cuezan suavemente, y cuando empiecen a tomar un poco de color, añadimos el vino, dejando que se haga todo junto suavemente una media hora.

Pasamos la salsa, primero por la batidora y luego por el chino.

La salsa se sirve en salsera aparte.

Sukalki

El sukalki, no es otra cosa que un plato cocinado con salsa después de rehogado el manjar, aplicado generalmente al guiso que se hace con carne a la que se puede añadir patatas. Habitualmente se hace, como en cualquier guiso, en recipientes profundos y más bien pesados, que permiten la cocción a fuego lento sin que se pierdan líquidos por evaporación, utilizando para ello la tapadera. El rehogado previo o sazonado a fuego lento, tiene por objeto crear una capa protectora para evitar que se escapen los jugos interiores.

Es impresionante, parece como si todos los habitantes de poblaciones como Mondragón o Erandio, se reunieran en las campas de Aixerrota para celebrar el concurso de paellas o un sukalki.

Todos los años se celebra en torno al día de Santiago, en la población vizcaína de Getxo, lo que seguramente es el mayor acontecimiento gastronómico de Euskadi y por extensión de toda la geografía ibérica, con 300 inscripciones y más de 25.000 personas asistentes a la romería. Otros se celebran en Guipuzcoa y Álava.

En estos meses, con la llegada del verano, muchos pueblos vascos se disponen a saborear un programa de fiestas en el que no es extraño encontrar un acontecimiento que tenga que ver con las cazuelas, los pucheros y los tenedores.

De esta forma, campas, plazas y frontones se convierten en grandes cocinas improvisadas, donde el humo de leña o de carbón vegetal se mezcla con el delicado aroma del aceite de oliva y los ajos, para guisar unas alubias, la paellada o el sukalki, en cuya preparación participan familias enteras, grupos de amigos, componentes de txokos y sociedades gastronómicas, en suma, todos aquellos que aman la cocina vasca.

La singularidad consiste en hacer del acto un acontecimiento colectivo, escenificado en el exterior de los hogares, al que se incorporan productos de calidad para llegar a crear guisos exquisitos. La competición forma parte de la belleza del acto y hace que el esfuerzo por mejorar la calidad de los platos sea evidente cada año.

Los concursantes son mayoritariamente hombres, ataviados con su delantal y armados con las cucharas de madera, dispuestos a «batirse en duelo culinario».

El final tiene un aspecto «negativo»: sólo gana uno y el resto, que han puesto un montón de ilusión, se llevan un disgusto con la derrota.

Pero cada año sucede lo mismo, y ésto hace que los esfuerzos por ganar cada edición del concurso mejoren continuamente la calidad de las recetas.

VALORACIÓN NUTRITIVA

La carne, ya lo sabemos todos, es un gran alimento, y mediante el procedimiento de rehogado se añaden las cantidades indispensables de **aceite de oliva**, se incorpora la salutífera **cebolla**, toman carta de presencia la siempre vitaminada **zanahoria**, el **tomate** troceado y sin piel, y a como ingredientes a elegir se añade **ajo**, **pimiento** y otros variados ingredientes que enriquecen el plato.

La composición final es un compendio de salud y proporcionan un gran placer gastronómico.

Éste es un plato que no falta en muchos hogares, aún ahora, en los tiempos que corren, en los que se guisa menos, y sobre todo para los jóvenes, es un buen alimento.

Tomado con moderación, prácticamente no hay contraindicaciónes alimentarias con respecto a este completo y sabroso plato de la cocina vasca.

Chuletón de buey a la bilbaína *(página 134)*

Sukalki

Ingredientes:
(Para 4 personas)

1kilo de zancarrón de ternera
1 cebolla grande
3 zanahorias
2 pimientos verdes
4 pimientos choriceros
1 puerro
100 gramos de patatas
200 gramos de guisantes finos
Agua
Aceite
Sal
1/2 litro de vino

Poner aceite en una cazuela, llevar al fuego, y cuando esté caliente añadir la carne partida en trozos, rehogar bien, añadir la verdura troceada y dejar sofreir lentamente.

Se añade agua y el vino hasta cubrirlo todo, e incorporar los pimientos choriceros, dejando que cueza todo junto suavemente unos 50 minutos.

Se retira la carne ya casi en su punto a otra cazuela, poner las verduras por encima y se le añaden las patatas troceadas y los guisantes. Dejar cocer todo junto de nuevo hasta que esté bien tierno y a punto para servir.

Postres

Cuajada *(página 160)*

Arroz con leche

El arroz con leche es un postre muy arraigado en la cocina vasca, anclado en la tradición desde antiguo y siempre exquisito.

Se prepara con leche, arroz y azúcar, a los que se añaden limón y canela, que si bien no tienen valor nutritivo, aportan aromas y sabor gastronómico.

Para que el plato esté en su punto la leche se habrá espesado y el arroz deberá estar bien cocido.

VALORACIÓN NUTRITIVA

Una ración normal de **arroz con leche** de 200 gramos, aportará unos 6 gramos de proteínas, 1 gramo de grasa y 25 gramos de hidratos de carbono, con un valor energético de unas 250 calorías.

La leche es un gran alimento, muy completo, y **el arroz** es de fácil digestión, sin apenas grasas, y con bastantes hidratos de carbono en forma de almidón. No contiene ácido úrico y el conjunto puede ser un poco pobre en sales minerales y vitaminas, pero es apto para todos.

Arroz con leche

Ingredientes: (Para 4 personas)

2 litros de leche
8 puñados de arroz cortos
La piel de 1/2 limón
1/2 palo de canela
10 cucharadas soperas de azúcar

Ponemos en un puchero un litro y medio de leche, la piel de limón y la canela y echamos el arroz y el azúcar.

Removemos todo con una cuchara de madera y lo cocemos a fuego muy suave durante una hora o una hora y media.

A media cocción, añadimos poco a poco el medio litro de leche restante y seguimos cociendo todo hasta que quede muy bien hecho y la leche esté cremosa.

Lo servimos en una fuente espolvoreado con canela.

Canutillos de Bilbao

Los canutillos de hojaldre son un postre típico de Bilbao, y seguramente tienen más de un siglo de vida.

El gran profesional de la cocina y maestro Ignacio Domenech dedicó un libro a la cocina vasca allá por 1.914, y al hablar de los postres dice que en toda Bizkaia el postre obligado eran los canutillos, y que las confiterías «los hacen diariamente por cientos, y en las fiestas señaladas, por miles».

La fórmula consiste en preparar una pasta de hojaldre con harina, mantequilla, sal y agua, enrollando posteriormente la masa sobre unos tubos metálicos del grosor de dos dedos sin cerrar los dos extremos.

Una vez enrollados los canutillos, se llevan al horno y cuando estén a punto, se dejan enfriar y se retiran de los moldes.

Luego incorpora como relleno una crema pastelera hecha con leche, yemas de huevos, y huevos enteros, azúcar, harina, y a veces canela y limón como saborizantes.

Muchas pastelerías y restaurantes vascos deben su fama a la elaboración de un hojaldre de calidad, prestigiándose con las sensaciones que tiene el consumidor al comer, en su punto, un postre tan exquisito.

VALORACION NUTRITIVA

Los canutillos son un buen alimento que tiene como base **la leche** y **los huevos**.

Rico en grasas saturadas, proteínas e hidratos de carbono, es además un alimento calórico.

Como toque final de sabor que sirve para redondear una buena comida, seguro que no se abusará de él por lo que no perderá sus buenas condiciones.

Canutillos de Bilbao

Ingredientes: (Para 4 personas)

Pasta de hojaldre
Crema pastelera
Azúcar glas

Estiramos bien la pasta de hojaldre hasta que quede muy fina y la enrollamos sobre unos tubitos metálicos procurando no cerrar los extremos.

Los colocamos sobre una placa de horno y los horneamos a temperatura media hasta que estén doraditos.

Los sacamos del horno y dejamos enfriar un poco, separamos con cuidado los canutillos de los tubos, rellenamos con la crema pastelera, los espolvoreamos con azúcar glas y servimos aún calientes.

Compota

La compota es un postre muy tradicional de la cocina vasca, que tiene sus orígenes hace muchos años, cuàndo los vascos se acostumbraron a tomarla como postre navideño. Existen múltiples fórmulas para su preparación, desde la que utiliza la manzana sóla, hasta la preparada con peras, orejones, ciruelas secas, pasas, vino y canela. Algunos le añaden azúcar.

La manzana, es una maravilla de la nutrición, sóla o acompañada de otros frutos secos ricos en azúcar vegetal y fibras, y constituye por sí sola la cabecera de un postre singular.

VALORACIÓN NUTRITIVA

La manzana, al ser cocida, pierde la vitamina C, aunque conserva las vitaminas liposolubles, pectinas, sales minerales, tanino y otras fibras vegetales.

El vino, con la cocción pierde prácticamente todo su contenido alcohólico, y sin embargo, conserva sus sales minerales y los antocianos, taninos, procianidinas y polifenoles, de gran valor salutífero.

Con **el azúcar** y **la canela**, según gustos, la compota compone una respuesta saludable para un aparato digestivo que desea propuestas válidas para el siglo XXI.

Compota

Ingredientes: (Para 4 personas)

3 manzanas
3 peras
6 ciruelas secas
12 pasas,
1 vasito de vino tinto
Azucar
1/2 rama de canela

Canutillos de Bilbao *(página 157)*

Ponemos en una cazuela las frutas troceadas, las ciruelas, las pasas, la canela y el azúcar y lo cubrimos todo con agua y añadimos el vasito de vino tinto.

Ponemos la cazuela al fuego y dejamos que cueza todo suavemente. Si hace falta, añadimos un poco más de agua, pero no mucha, pues no debe quedar caldosa.

Una vez preparada retiramos los palitos de canela y la servimos templada.

Cuajada o mamia

La cuajada, es un estupendo postre de la cocina tradicional que se prepara con leche de oveja cocida o pasteurizada y cuajada con cuajo de cordero a una temperatura de unos 37º C.

Hoy el cuajo que se utiliza es líquido y de preparación industrial.

Antiguamente se elaboraba haciendo hervir los líquidos en cuencos de madera o «kaikus» y para conseguirlo se ponían piedras al fuego que una vez calientes se trasladaban al recipiente. Así, se calentaba la leche que adquiría sabor a quemado que todavía hoy gusta en algunos lugares y a la vez no se estropeaban los recipientes.

Se sirve en un envase de cerámica, cristal o barro, acompañada de azúcar o miel.

VALORACIÓN NUTRITIVA

La mamia o cuajada es un postre muy nutritivo ya que la leche de oveja, predigerida por la acción del cuajo, hace que sea fácilmente digestible.

Es rica en proteínas, grasa, lactosa o azúcar de leche, vitaminas y calcio, y pobre en hierro.

Cuajada o mamia

Ingredientes: (Para 4 personas)

1 litro de leche

Sal

Una cucharadita de cuajo

Ponemos a cocer la leche con una pizca de sal. Cuando comience a hervir, la retiramos y dejamos templar.

Le añadimos la cucharadita de cuajo, y seguidamente la distrubuímos en las terrinas o en los vasos.

Dejamos reposar hasta que se cuaje la leche, y servimos con azúcar o miel.

Intxaursalsa

Vieja como la cultura vasca, **la intxaursalsa**, original y exquisita, parece un alto en el camino de tantas y tantas comidas marineras, y de carnes de los caseríos de nuestros montes.

Se elabora con leche, canela en rama, azúcar y nueces machacadas con un mazo de madera.

A medida que el conjunto hierve y se va reduciendo, se añade más leche hasta que se consigue que tenga una consistencia espesa y agradable.

Es un postre sencillamente extraorinario.

VALORACIÓN NUTRITIVA

La intxaursalsa es un postre «muy vegetariano», que tiene un valor energético muy alto.

Rico en vitaminas, minerales, grasas poliinsaturadas muy saludables procedentes de las nueces, prácticamente carece de colesterol y ácido úrico, aunque los diabéticos deben tener en cuenta su alto contenido en azúcares.

Intxaursalsa

Ingredientes:

1 litro de leche
200 gramos de nueces ralladas
175 gramos de azúcar
1/2 palo de canela

Poner al fuego un recipiente con la leche, las nueces ralladas, el azúcar y la canela y dejar hervir todo junto hasta que se espese la mezcla.

Repartirla en moldes o envases individuales y servirla templada.

Macedonia de frutas

La macedonia es la maravilla de las maravillas, es un plato aromático, colorista y de un paladar excepcional, que no debiera faltar después de las fiestas de Navidad en ninguna casa por su calidad diurética y vitaminizante, y en verano por las mismas razones y su placer refrescante.

Admite todo tipo de frutas aunque las que hemos elegido, mezcla de frutas de la tierra y de frutas tropicales, hacen que se equilibren bien los sabores.

El melocotón, de forma esférica, piel aterciopelada, y color blanco verdoso o amarillo dorado, es estupendo si tiene la carne blanca, mientras los de carne amarilla son más adecuados para enlatar.

El plátano o banana, es una baya de cáscara amarilla con alto valor nutritivo, que constituye un alimento principal en muchos pueblos tropicales.

La pera difiere de la manzana por su forma y sabor, es jugosa y mantecosa, ácida pero no obstante dulce, y tiene un aroma fuerte y delicioso.

La naranja tiene forma globosa, corteza rugosa entre roja y amarilla, y pulpa dividida en gajos, jugosa y de sabor agridulce.

La manzana conjunta la acidez, el sabor dulce y el amargo, y el aroma, lo que dá personalidad al fruto. Se ha valorado por sus buenas cualidades de conservación y hasta el siglo XX era la única fruta fresca que se podía comer en invierno.

El kiwi o actinidia, tiene forma parecida a un huevo, dispone de una piel rugosa y consistente de color marrón que no molesta al tacto, y contrasta de forma espectacular con la belleza de su pulpa de color verde intenso con el centro blanco moteado de semillas. Originaria de ciertas zonas del Himalaya y China oriental, se cultiva desde hace años en Euskadi.

El fresón es un híbrido de la fresa común, de color rojo brillante, tiene un cuerpo muy grande y jugoso, aunque de sabor menos fino.

El melón es un fruto de pulpa compacta y dulce, amarillenta o anaranjada, de profundo olor y sabor aromático.

La frambuesa es una drupa redonda, de semilla agrupada sobre un pequeño receptáculo cónico, de bello color rojo, sabor agridulce y aroma penetrante.

VALORACIÓN NUTRITIVA

El melocotón es diurético y energético, rico en potasio, carotenos y vitaminas; **el plátano** equilibra el sistema nervioso y es un importante factor de crecimiento que aporta mucha glucosa; **la pera** es sedante, remineralizante y diurética; **la naranja** es tonificante muscular y nervioso, rica en bioflavonoides con cantidades elevadas de potasio; **la manzana** destaca por eliminar la urea y el ácido úrico, es un tonificante muscular y nervioso, desinfectante intestinal y anticolesterol; **el kiwi** es muy diurético y algo laxante, tiene tres veces más vitamina C que el limón y cuatro que la naranja, diez veces más calcio y cinco veces más hierro; **el fresón** es depurativo y desintoxicante, remineralizante y antigota; **el melón** es diurético úrico, laxante y refrescante y contiene muchisimo caroteno y potasio; **la frambuesa**, por su parte, es depurativa.

¿Hay quien dé más? Es toda una mina de vitaminas, minerales, y proporciona placer y salud en un mismo plato.

Cuano menos azúcar se utilice, mejor se percibirán los sabores propios. **El Cointreau** da un toque, que si es para niños, no hace falta.

Macedonia de frutas

Ingredientes:

2 plátanos
2 melocotones
2 manzanas
1/2 piña
2 peras
4 naranjas
2 kiwis
8 fresas
1/2 copa de Calvados
1/2 copa de Cointreau
Azúcar

Pelar y trocear la fruta, y partir las naranjas a la mitad. Poner en una fuente honda la fruta con las medias copas de licor, el zumo de las otras dos naranjas y el azúcar.

Dejar macerando todo 2 horas antes de servir.

Manzanas asadas

La manzana sirve de alimento al hombre desde épocas remotas, aparte de la que pudo ofrecerle Eva en el Paraíso a Adán.

La agricultura de la manzana se cree que procede de las montañas del Caúcaso, en la zona del mar Caspio y del mar Negro, luego transportadas sus semillas por los españoles a América, los ingleses la llevaron a Estados Unidos, y los franceses a Canadá.

La manzana está presente en los mercados de forma ininterrumpida durante todo el año merced a sus ciclos de producción en las diferentes latitudes, y a que se conservan muy bien en los frigoríficos, aunque las mejores son las tardías y las que se envuelven en bolsas de polietileno.

Las más precoces maduran en junio y por general se ofrecen al consumidor bien entrado el verano, y las hay tan tardías que pasan el invierno en el árbol y se recogen ya entrada la primavera.

Su pulpa blanca y más o menos dura según las variedades, puede ser dulce o ácida, siempre jugosa y refrescante, y de textura crujiente o más acorchada. Su aspecto exterior es de tantos colores como ha querido la naturaleza.

Las de tipo «Golden», muy apreciadas en Europa, son de fruto grande, color amarillo atractivo, y carne blanco amarillenta. La «Starking» que casi se funde en la boca nos

Tostadas Guria *(página 172)*

regala un sabor delicado y exquisito, y tiene un color vino muy bello. La «Golden Delicious», tiene color amarillo oro, carne consistente, sabor agradable y aroma delicioso. La «Jonathan» es jugosa y dulce con un punto de acidez agradable. Y la «Red Deliosa», es de carne apretada, blanca o verdosa y muy aromática.

En el País Vasco se aceptan bien las manzanas de San Juan y San Pedro, por ser las primeras, la Urbete, Bostkantoi, y Larrabetzu Sagarra, y las sidreras Txalaka, Goikoetxe e Ibarra.

Merece especial atención, la Reineta, vieja y siempre nueva, de color amarillo limón o verde mate, de carne apretada y jugosa; perfumada y fina, en la que se conjugan de manera armoniosa los ácidos y azúcares, que madura en septiembre, y es sin duda la reina de las manzanas.

El horno da a la manzana asada un aspecto bello e impresionante, un aroma penetrante y un sabor realzado y profundo.

VALORACIÓN NUTRITIVA

Dice el refran popular «una manzana al día, al médico alejado tendría», y es cierto, ya que refleja cuanto supone esta estupenda fruta.

Apenas ofrece 50 calorias por cada 100 gramos, casi ninguna proteína ni grasas, bastantes carbohidratos y fibra, calcio, hierro, fósforo, potasio, un poco de casi todas las vitaminas, carotenos, y contiene muy poco sodio.

Se conocen desde siempre sus virtudes reguladoras del tracto intestinal, y se recomienda tomarlas cocidas o asadas para aquellos que padecen acidez de estómago.

Ayuda a reactivar la flora microbiana cuando existen trastornos intestinales, sus virtudes antirreumáticas por disolución y eliminación vía urinaria de la urea y del ácido urico, o sus virtudes como tonificante muscular y nervioso.

Recientes investigaciones médicas han encontrado que la manzana se comporta como un medicamento y hace descender el colesterol de la sangre. ¿Cómo es posible? Sus pectinas o fibras solubles actúan sobre las lipoproteínas LDL o «mal colesterol» llevándolas al hígado para eliminarlas a través de la bilis.

Pero no se detiene aquí el papel benéfico de las pectinas, porque modifican también la flora microbiana que fermenta y degrada en el intestino las partículas que no se digieren rápidamente, y los productos de degradación hacen disminuir el riesgo de padecer cáncer de intestino.

Cuando Eva dió la manzana a Adán. ¿Se preocupó de su salud?.

Manzanas asadas

Ingredientes

4 manzanas grandes
4 cucharaditas de azúcar
2 cucharaditas de mantequilla
1/2 vaso de agua

Pelar, limpiar y quitar el corazón a las manzanas.

Colocarlas en una fuente de horno, y encima de cada una poner 1/2 cucharadita de mantequilla y una cucharadita de azúcar.

Echar en la fuente el agua, meter la fuente en el horno caliente y dejar tres cuartos de hora, hasta que estén doraditas.

Se sirven templadas o a temperatura ambiente.

Pastel vasco

Este pastel es un postre muy tradicional y divulgado en todos los restaurantes y cocinas de las regiones más septentrionales del País Vasco, donde se llama *gateau basque*, en las que su popularidad sale del marco doméstico para entrar en pastelerías, comercios y caseríos alejados, que en los últimos decenios y al hilo de la extensión de tradiciones y costumbres gastronómicas, está también presente en las pastelerias de este lado de la frontera.

El pastel vasco, con el pastel de arroz bilbaíno, las mantecadas de Orduña, los alfonsinos de Hueto de Vitoria, los rellenos de Vergara, los bizcochos de Mendaro, los kokotes de Marquina, los «guardias civiles» de Villaro, la «pantxineta» de San Sebastián, los vasquitos y neskitas de Vitoria, los «xaxu» o delicias de Tolosa, el pastel ruso, etc. forman la avanzadilla de los postres con nombres locales, que se hacen con rigor y calidad.

El pastel vasco tiene forma redondeada, de pasta brisa, y está relleno de crema o de confitura de cerezas en lugar de crema.

VALORACIÓN NUTRITIVA

El pastel vasco es rico en grasas, proteínas y azúcares, pobre en vitaminas hidrosolubles del grupo B y C, abundantes vitamionas A, D, E y K.

Es un postre recio, pleno de colesterol, apto para aparatos digestivos sólidos, pero en el paladar es extraordinariamente gustoso.

Pastel vasco

Ingredientes: (Para 4 personas)

250 gramos de harina
175 gramos de azúcar
2 yemas de huevo
1 huevo entero
150 gramos de mantequilla
Ralladura de limón
Una pizca de sal
1/2 copa de ron
Para la crema:
1/4 de litro de leche
3 yemas de huevo
50 gramos de azúcar
25 gramos de harina
1 cucharadita escasa de ron

Trabajamos todos los ingredientes, hacemos una pasta, la seguimos trabajando hasta que quede fina, y la dejamos reposar una 1/2 hora.

Ponemos la pasta en un molde redondo, forramos el fondo y los lados, y reservamos una parte de la masa para taparlo.

Para hacer la crema: mezclamos la harina, los huevos, y el azúcar. Lo llevamos todo al fuego y vamos añadiendo la leche y el ron.

Movemos todo rápidamente y cuando hierva lo retiramos y dejamos enfriar.

Echamos en el molde la crema y tapamos el pastel con la parte de la masa reservada, metemos el molde al horno a temperatura mediana y dejamos que se haga unos 30 o 40 minutos.

Peras al vino tinto

El orígen de **la pera** se localiza en el Caúcaso, Anatolia y Asia Central, aunque otros lo sitúan en la Europa templada, lo que ha dado origen a estudios sobre su presencia, antiquísima, en el mundo.

La existencia de una etimología vasca, un pueblo que precedió a los celtas y a los romanos en la Península Ibérica, sobre la pera es una prueba suplementaria en favor de su viejo cultivo.

En España se cultiva la pera con gran atención comercial ocupando el tercer lugar en las preferencias de los consumidores después de naranjas y manzanas, quizá todavía un poco descompensada a falta de definir calidades en la demanda de invierno, cada día más creciente.

Son miles las variedades que se cultivan en el mundo, aunque las más interesantes y populares son unas pocas y se consumen en fresco, pero la conserva juega también un importante papel sobre todo en las variedades producidas con fines industriales.

Nombres como «Passa Crasana», «Conferencia», «Duquesa», y la gran variedad temprana «Limonera», que tiene mucha demanda en Europa, o la «Ercolini», la «Tendral» de Valencia, y otras muchas de verano, representan a las diversas regiones españolas que cultivan este fruto, especialmente en Lérida, Badajoz, Huesca, Valencia, Castellón y Zaragoza, sin olvidar las variedades de nuestras huertas.

La carne del fruto, muy sabrosa cuando está madura, ofrece dulzor, jugosidad y paladar mantecoso, de acuerdo a la variedad que pertenezca, por lo que para este plato conviene encontrar las peras más adecuadas en función de la época del año.

Gracias a las muchas variedades existentes y a que los cultivos en una u otra parte del mundo son complementarios, la pera está en el mercado todo el año de manera ininterrumpida, como compañera inevitable de la manzana.

En la preparación de este postre se pelan las peras, con lo que siempre pierden algunas propiedades nutritivas y se hierve el vino tinto impregnando de olor, color y sabor la fruta y se elimina así el alcohol.

VALORACIÓN NUTRITIVA

La pera ofrece un alto porcentaje de azúcares, lo mismo que sales minerales, mucha vitamina C y en menor escala A y B, nada de grasa y apenas proteínas.

El vino tinto contiene taninos, polifenoles y procianidinas, representando una maravilla para el paladar y la salud, más en este caso, en que se une al plato después de hervirlo y se ha evaporado el alcohol.

Las peras al vino son un postre delicioso para el paladar y muy saludables, por lo que no entendemos por qué en la gran mayoría de los hospitales y clínicas, se sirven las peras cocidas con agua, cuando lo recomendable es esta combinación.

Es adecuada para todos sin excepción.

Peras al vino tinto

Ingredientes: (Para 4 personas)

4 peras de cocer
1/4 de kilo de azúcar
1 litro de buen vino tinto
1/2 rama de canela

Tarta de manzana *(página 168)*

Pelar las peras con cuidado y sin quitar los rabitos, ponerlas al fuego en una olla con el vino, el agua, el azúcar y la canela y dejar cocer a fuego suave alrededor de una hora.

Cuando las peras estén bien hechas, retirarlas y colocarlas en una fuente.

Dejar hervir el resto de los ingredientes de la olla hasta que queden cremosos, y echarlo por encima de las peras.

La utilización del azúcar es opcional.

Tarta de manzana

La tarta de manzana es una receta tradicional y muy extendida, que pertenece a la vieja escuela de reposteria de las «amatxus» o amas de casa del País Vasco, aunque su elaboración es universal.

A las virtudes palatiales y salutíferas que acompañan a las manzanas, hay que unir las de la pasta que forma el fondo de la tarta, y que contiene azúcar, yema de huevo, harina, y mantequilla, con algunos saborizantes, según gustos y costumbres, alimentos siempre importantes por sus cualidades nutricionales.

VALORACIÓN NUTRITIVA

Ya hemos dicho que **en la manzana** todos los elementos son sanísimos.

Como se acompaña de la pasta o masa que forma el cuerpo de la tarta, y ésta es rica en proteínas, grasas y carbohidratos, es preciso tener en cuenta el tamaño de las raciones y no pasarse, sobre todo aquellas personas obesas y las que tienen el nivel de colesterol alto.

Por otra parte es un alimento completísimo.

Tarta de manzana

Ingredientes: (Para 4 personas)

800 gramos de manzana reineta
1 huevo entero y 1 yema
5 cucharadas de harina
5 cucharadas de azúcar
60 gramos de mantequilla
1 cucharadita de levadura

Unir la harina con el azúcar, la mantequilla blanda, el huevo entero y la yema, y la cucharadita de levadura y mezclar todo muy bien hasta formar una masa homogénea.

Pelar las manzanas, reservando dos enteras, picar el resto como para la tortilla de patatas, y mezclarlas con la masa.

Se unta con la mantequilla un molde desmontable, y se vierte en él la masa con las manzanas picadas, todo muy bien unido.

Colocar encima las dos manzanas reservadas, partidas en láminas finas, espolvorear con el azúcar y meter el molde en el horno precalentado a 180° C.

Hornear durante 40 minutos, dejar templar, desmoldar y cubrir con mermelada de albaricoque aligerada, o servirla directamente sin cubrir.

Tocino de cielo

El tocino o tocinillo de cielo, que de las dos formas se le conoce, no es otra cosa que la mezcla de yemas, azúcar y agua, cuajadas en moldes al vapor.

Como vemos, los ingredientes de esta

receta son muy simples, y el protagonista fundamental es el huevo, alimento de gran consumo y aprecio en nuestra cocina.

Los antiguos aceptaban el huevo en la alimentación humana, y tenía para ellos un valor místico y de símbolo de la tierra, de tal modo que en tiempos de Galeno, médico de cabecera del emperador Marco Aurelio, se conocían más de cien recetas a base de huevos.

Sus virtudes gustativas se concretan en rimas y refranes de extrema simpleza. Así, aludiendo a su frescura:

«Huevo de una hora, pan de un día, vino de un año; mujer de quince, amigo de treinta, y echarás bien la cuenta».

O refiriéndose a la mesura con la que deben ingerirse:

«Un huevo es poco almuerzo, dos algo son, tres almuerzo es, y cuatro ya es demasiado».

El tocino de cielo tiene un color crema o amarillento vivo, superficie lisa, textura suave y untuosa que se mantiene al cortarlo con la cucharilla, y un dulzor extraordinario.

VALORACIÓN NUTRITIVA

Este plato es rico en azúcar y yemas de huevo, es energético y muy nutritivo.

La yema de huevo o gorringo, contiene un 16% de proteínas, un 33% de grasas donde las saturadas casi superan a las monoinsaturadas, y más de 1400 miligramos de colesterol, que no se compensan con los altos valores que presenta de lecitina, fósforo, ácido fólico, vitamina B_{12}, y vitaminas A y D.

La yema de huevo es una mina de oro en alimentación.

El azúcar es un freno para los diabéticos, y su alto contenido en colesterol, para los obesos y aquellas personas que tienen o quieren prevenir las enfermedades cardiovasculares.

Sin embargo, como el postre se sirve en pequeñas cantidades o raciones, se rebajan sus inconvenientes y los más jovenes y saludables no sólo no encuentran obstáculos para su consumo, sino que está especialmente recomendado para ellos.

Tocino de cielo

Ingredientes: (Para 4 personas)

12 yemas de huevo
1/4 de litro de agua
250 gramos de azúcar, y un poco más para caramelizar el molde.

Poner al fuego el agua junto con el azúcar, y dejar que cueza hasta hacer un almibar a punto de hebra y dejar enfriar.

Caramelizar un molde de corona, procurando que el caramelo quede claro.

Batir bien las yemas de huevo y añadir poco a poco el almibar. Colarlas sobre el molde y ponerlo en el horno al baño maria unos 15 minutos, cuidando que no se haga demasiado.

Dejar enfriar, desmoldar y servir.

Tostadas de leche

Es un postre muy antiguo que proviene de la más vieja cocina popular, que utiliza la leche solidificada con maicena, a la que se da sabor añadiendo una corteza de limón y canela según costumbres.

La leche, principal componente de las

tostadas, es el líquido segregado por las glándulas mamarias de las hembras de los mamíferos después del parto, es blanca, opaca y de sabor ligeramente azucarado gracias a la lactosa o azúcar de la leche que tiene.

Contiene tambien caseína, albúmina, materias grasas, sales minerales, vitaminas y agua, y es uno de los alimentos más completos e indispensables durante toda la vida, salvo en el caso de rechazo concreto, sobre todo por el valor de sus proteínas y el calcio que contiene, elementos ambos que ayudan a construir el organismo.

Su titularidad como alimento de primer orden está avalada totalmente por las elevadas cantidades que de ella se consumen, lo que nos sitúa en los puestos de cabeza de los paises de Europa con mayor aceptación y consumo de leche y sus derivados.

De una u otra forma, como leche líquida o en forma de postre como en este caso, las tostadas son un alimento muy enraizado en las costumbres culinarias de las «etxekoandres» y «amatxus» del País Vasco.

VALORACIÓN NUTRITIVA

Por **la leche** que contienen estas tostadas, tenemos un excelente plato pleno de proteínas e hidratos de carbono, con cantidades aceptables de grasas saturadas, vitaminas y minerales, que se adorna con cifras altas de azúcar espolvoreada por encima, y el colesterol de los huevos de gallina.

Los diabéticos y personas con problemas vasculares deberán pensar en otro postre más a tono con sus circunstancias.

Tostadas de leche

Ingredientes:
(Para 4 personas)

1 1/2 litro de leche
6 yemas de huevo
100 gramos de maicena
150 gramos de azúcar
1 palo de canela en rama
Unas peladuras de limón
Harina
1 huevo
Aceite para freir
Canela en polvo y azúcar mezclada

Se pone a hervir 1 1/4 de litro de leche con el palo de canela y las pieles de limón.

En un bol grande, aparte, se pone el azúcar con las 6 yemas de huevo, la leche que queda y la maicena.

Cuando la leche comience a hervir, retiramos las pieles de limón y la canela, le añadimos la mezcla preparada en el bol, y removemos todo durante 8 minutos hasta que se espese.

Cuando comience a espesar, retiramos la crema y se vierte en una fuente grande, untada con un poco de aceite, extendiéndola bien.

Cuando la crema esté fría, la partimos en cuadrados, los pasamos por harina y huevo y los freímos hasta que se doren.

En el momento de servir, espolvorear los cuadraditos con la canela y el azúcar.

Manzanas asadas *(página 162)*

Tostadas Guría

Componen un postre tradicional y tan viejo como la historia del pueblo vasco, y reciben su nombre del prestigioso restaurante «Guría», de Bilbao, que las hace desde siempre con mimo.

Se preparan a base de pan, mejor de la víspera (aunque se hacen también con pan especial para tostadas), leche, azúcar, yemas de huevo, huevos batidos, aceite de oliva, harina, canela y corteza de limón.

La presentación al comensal, se hace en una fuente de servir, espolvoreandas por encima con azúcar y canela molida.

VALORACIÓN NUTRITIVA

Las tostadas son un magnífico plato, final feliz de una comida, ricas en proteínas e hidratos de carbono.

Apto para todos, aquellos que tengan problemas cardiovasculares o niveles de colesterol elevados, deberán pensar en espaciar su consumo, aunque les tiente la gula.

Tostadas Guría

Ingredientes:
(Para 4 personas)

1 pan de tostadas
1 litro de leche
5 cucharadas de azúcar
1/2 palo de canela
Un trozo de corteza de limón
Huevo para rebozar
1 cucharada de azúcar
1 cucharada de canela en polvo

Ponemos la leche al fuego con el palo de canela, las 5 cucharadas de azúcar y la piel del limón y dejamos que cueza todo junto unos 10 minutos.

Partimos el pan en rodajas como de dos dedos de grosor, las ponemos en una fuente y hechamos por encima la leche caliente.

Ponemos aceite en una sartén, cogemos una rodaja de pan, la escurrimos un poco, la pasamos por huevo y la freímos cuando el aceite está caliente, la hacemos bien por los dos lados y la colocamos en una fuente.

Mezclamos la cucharada de azúcar y la canela, y espolvoreamos las tostadas por encima en el momento de servirlas.

Glosario

GLOSARIO

Aceite de oliva. Hacia el mes de octubre o noviembre se recoge la cosecha de aceitunas. Su zumo se convertirá en el producto que conocemos genéricamente como aceite de oliva.

Hay varias **clases**:

• Aceite de oliva virgen extra, de acidez máxima 1º.

• Aceite de oliva virgen, hasta 2º.

• Aceite de oliva virgen corriente, acidez máxima 3,3º.

• Lampante, más de 3,3º, no es comestible.

• Aceite de oliva, mezcla de virgen comestible y refinado, de acidez máxima 1,5º.

• Aceite de oliva refinado, se obtiene al refinar el aceite de oliva virgen, y no es comestible.

• Aceite de orujo, se obtiene de los residuos y pieles de la aceituna, tratados con disolventes.

El aceite de oliva contiene casi exclusivamente ácido oleico, un ácido graso monoinsaturado que tiene un efecto protector de las arterias, superior incluso al de los ácidos grasos poliinsaturados.

Se ha comprobado también que el aceite de oliva favorece la disminución del colesterol total en sangre, con un ligero incremento del «bueno» (HDL) y una disminución del «malo» (LDL), por lo que resulta excelente para personas con alto riesgo cardiovascular.

El aceite de oliva es el representante máximo de la dieta mediterránea española, formada además por legumbres, frutas y verduras, trigo y arroz, pescado en especial azul, frutos secos, carnes de cerdo y conejo, quesos semicurados y curados de oveja y cabra, y vino.

Al margen de lo dicho sobre sus efectos beneficiosos para la salud de todos, el aceite de oliva es un excelente elemento gastronómico cuando entra en la composición de los platos, tanto en aquellos que lo utilizan en crudo como cuando se utiliza para cocinar o freir.

Cava. Es el nombre que recibe en España el vino blanco espumoso cuya segunda fermentación se hace en la botella.

Es el vino de cava que hace unos años llamábamos champán, y ahora se reserva éste nombre en exclusiva para los vinos franceses obtenidos, igualmente, por el método *champenoise*.

Chalota. Se le llama también escalonia y se cultiva en toda Europa, pero especialmente en Francia.

De la misma familia que la cebolla, aunque se diferencia de ella por el bulbo, tiene como el ajo común varios bulbillos alargados, blancos por dentro y de color rojo vivo por fuera.

Su sabor es parecido al de la cebolla, aunque más suave, y se utiliza en los guisos como condimento.

Crema pastelera. Es una crema o natilla hecha con 1 litro de leche, 250 gramos de azúcar, 8 yemas, 80 gramos de maicena, y aromatizante al gusto.

Es suficientemente consistente como para utilizarla a modo de relleno en tartas, pasteles, brazos de gitano, etc.

Escabeche. Voz árabe que significa guiso de carne con vinagre.

La salsa o adobo se compone de vinagre, laurel y otros ingredientes y se emplea para conservar y hacer sabrosos los pescados, carnes, verduras y otros manjares.

Escalfado. Se aplica a un modo especial de condimentar los huevos, que consiste en partirlos, verterlos en agua hirviendo o en caldo y ponerlos a cocer.

Si se añade una pizca de vinagre al agua, se consigue que los huevos no se desparramen y que la clara quede recubierta totalmente con la yema.

Fumet. Voz francesa para designar a un caldo concentrado de la cocción de pescados, carnes, caza, etc., que se utiliza en la gran cocina para acentuar o dar fuerza a las salsas, sobre todo desde el punto de vista de potenciar el aroma del plato al que acompañan.

Gratinar. Consiste en hacer que un alimento se tueste por la parte superior, añadiendo sobre ésta una capa de queso, pan rallado, salsa, etc, y hacer que presente una superficie dorada o costra, debido a la acción del calor de hornos concebidos especialmente para esta operación.

Hojaldre. Masa muy trabajada, elaborada con mantequilla, azúcar, harina y agua, que al cocerse en el horno sube mucho separándose en hojas delgadas y superpuestas unas sobre otras.

Juliana. Forma de cortar las hortalizas, especialmente las zanahorias y otras verduras en general, en tiras muy delgadas.

Su nombre viene del cocinero francés Julienne, que fué quien la inventó.

Finalmente, se denomina *sopa juliana* a aquella que se hace con verduras y hortalizas cortadas de ese modo.

Ketchup. Voz inglesa con que se denomina a un condimento hecho a base de setas cortadas en láminas finas y aromatizadas, que se deja macerar durante unos días, y al cabo de ese tiempo, se prensa y extrae todo el jugo. Éste se hierve y aromatiza con laurel, pimienta, tomillo, etc., se deja enfriar, se filtra y embotella.

El *tomate ketchup* se elabora a base de tomate, azúcar, vinagre, sal y especias, y se utiliza como salsa fría para acompañar a diversas viandas.

Kokotxa. Manjar característico de la cocina vasca que denomina así a la parte gular o carnosa existente dentro del arco maxilar inferior de algunos peces. En la cocina se utilizan sobre todo las de la merluza y las del bacalao.

Condimentadas y cocinadas, dan como resultado un plato gelatinoso que se prepara al estilo «pil-pil», que es muy apreciado y alcanza altos precios.

Marinar. Consiste en dejar reposar un alimento, ya sea carne o pescado, durante unas horas en un baño compuesto de vino, acompañado de ajo, cebolla, laurel, especias, etc., con el fin de condimentarlo, ablandarlo o conservarlo.

Mayonesa. Se utiliza indistintamente también el término *mahonesa* para indicar una salsa espesa y fría compuesta por yemas de huevo batidas con aceite, y condimentada con vinagre o limón y sal. Se sirve fría para acompañar pescados, ensaladillas, huevos, etc.

Pasapurés. Utensilio muy utilizado en cocina que prensa y filtra, al pasar a través de unos agujeros muy finos, los alimentos tales como las hortalizas cocidas, las pata-

Txipirones

tas, las lentejas, los guisantes, etc., convirtiéndolos en puré.

Pasar por el chino. Se refiere a la acción de pasar la comida a través de un colador metálico muy fino con forma cónica o en forma de embudo. Se utiliza mucho en cocina para filtrar los alimentos o las salsas.

Pasta brisa. Se llama también *pasta quebrada*, y es utilizada para hacer fondos de tartas y tartaletas, y para repostería poco dulce o salada. Por eso, no lleva azúcar o lleva muy poca.

Piperrada. Guiso a base de pimientos, tomates y cebollas, que puede acompañarse de huevos, jamón, salchichas, etc., y presenta un colorido muy atractivo.

Pochar. Poner sobre una salsa o preparado líquido que hierve lentamente, los ingredientes sólidos que componen la receta, hasta que se hagan sin llegar a hervir o chamuscarse.

Rehogar. Cocinar alguna comida o vianda a fuego lento sin agua, sólamente con sus propios líquidos, y en una cazuela que esté bien tapada, para que penetren bien en los alimentos las grasas o los aceites que se echan en la olla para preparar el guiso.

Salar. Sazonar con sal, echar la sal necesaria a una comida. También hace referencia a curar con sal pescados o carnes para conservarlos.

Salsera. Nombre que se da a una vasija ancha en la que se echa la salsa para llevarla a la mesa.

Sofrito. Alimento poco o ligeramente frito, en referencia a freir de forma ligera un alimento.

Sopako. Hace referencia al pan especial para hacer sopas. Se utiliza cortado o desmenuzado y se añade al caldo ya preparado o al aceite caliente.

Terrina. Es el recipiente de barro en el que se prepara un guiso a modo de budín o pasta. Suele tener forma de base rectangular, oval o circular. También, se denomina así al fiambre cocido en ese recipiente.

Trufa. Es una seta de alto valor culinario, muy aromática y cara, que se emplea para realzar el sabor de un plato o para hacer con ella excelentes guisos.

Se recoge de noviembre a marzo, encontrándose preferentemente enterrada en bosques de robles, y para su recolección, se utilizan cerdos jóvenes y perros amaestrados.

Vinagreta. Es una salsa muy utilizada en cocina, simple de preparar, compuesta de aceite, vinagre, cebolla y perejil, que se consume fría acompañando a otros alimentos como espárragos, mariscos troceados, etc.

Vino. Bebida obtenida por la fermentación natural total o parcial del zumo de uva que transforma los azúcares de la fruta en alcohol. Según las uvas de que proceden y del tiempo de permanencia de los hollejos en la fermentación, el vino será tinto, rosado o blanco.

El vino es típico de la dieta mediterránea, y en pequeñas cantidades, es un alimento, un agente terapeútico y un placer para el paladar.

Parece ser que el vino, y sobre todo el vino tinto, cumple los tres requisitos que se necesitan para prevenir la enfermedad cardíaca: tiene efectos hipolipemiantes, antioxidantes y antiagregantes.

Por primera vez el Gobierno Federal estadounidense lo ha reconocido en las guías, que cada cinco años, ofrece a sus ciudadanos sobre la alimentación que deberían seguir. Según sus consejos, el consumo de una cantidad moderada de vino es beneficioso para la salud.

Cosa que nosotros sabemos desde tiempos inmemoriales.

Bibliografía

- ACADEMIA VASCA DE GASTRONOMÍA. DEPARTAMENTO DE INDUSTRIA, AGRICULTURA Y PESCA DEL GOBIERNO VASCO. *El bonito del Norte*1996, Diversos autores.
- ALEMANY, MARÍA. *Enciclopedia de las Dietas y la Nutrición.* 1995, Editorial Planeta.
- ANTÓN, PATXI. *La cocina feliz.* 1995, Fundación Caja Vital Kutxa.
- BARANDIARÁN, J.M. *La alimentación doméstica en Vasconia.* 1990, Eusko Jaurlaritza. Gobierno Vasco.
- BUSCA ISUSI, JOSÉ MARÍA. *La cocina vasca de los pescados y mariscos.* 1981, Editorial Txertoa.
- BUSCA ISUSI, JOSÉ MARÍA. *Alimentos y guisos de la cocina vasca.* 1983, Editorial Txertoa.
- CAPEL, JOSÉ CARLOS. *Mil pares de huevos.* 1988, Editorial Temas de Hoy.
- CASTILLO, JOSÉ. *Viejas recetas de nuestros caseríos.* 1977.
- CASTILLO, JOSÉ. *Manual de cocina económica vasca.* 1982, Imprenta Ondarribi.
- CASTILLO, JOSÉ. *Recetas de cocina de abuelas vascas.* 1983.
- DIVERSOS AUTORES. *Diccionario Enciclopedia de Gastronomía Vasca.* 1992. Cofradía Vasca de Gastronomía.
- DIVERSOS AUTORES. *Guia Gastronómica y Cultural del País Vasco.* Euskal Herriko Gastronomi eta Kultur Gida. 1996, Academia Vasca de Gastronomía.
- *Boletines de la Cofradía Vasca de Gastronomía. Gastronomiazko Euzkal Anaiartea.*
- FERNANDEZ DE CUERVO, MARÍA CONCEPCIÓN. *400 platos internaciones de la clásica y la nueva Cocina Vasca.* 1990, Editorial La Gran Enciclopedia Vasca.
- GARCÍA SANTOS, RAFAEL. *La cocina vasca de ayer, hoy y mañana.* 1986, Haranburu Editor, S.A.
- GÓMEZ RECIO, RAMÓN. *Dietética Práctica.* 1992,, Ediciones Rialp.
- GRANDE COVIÁN, FRANCISCO. *Nutrición y Salud*
- LAPITZ, JUAN JOSÉ. *La cocina moderna en Euskadi.* 1987, Espasa Calpe.
- LAPITZ, JUAN JOSÉ. *Manual de las setas.* 1983.
- LAPITZ, JUAN JOSÉ. LOTINA, ROBERTO. LLONA LARRAURI, JESÚS. *El verdel. Berdela.* 1996, Federación de Cofradías Gastronómicas (FECOGA).
- LEZAMA, LUIS DE. *Historias y recetas de mi taberna.* Taberna del Alabardero. 1995, PPC, Editorial y Distribuidora.
- LLANO GOROSTIZA, MANUEL. *Clásicos de la cocina vasca.* 1986, Banco de Vizcaya.
- LLONA LARRAURI, JESÚS. *Comer es un placer.* 1990, El Correo Español - El Pueblo Vasco.
- LLONA LARRAURI, JESÚS. *La carne y los consumidores.* 1987, Servicio Central de Publicaciones del Gobierno Vasco.
- LLONA LARRAURI, JESÚS. *Ciencia, curiosidades y mitos gastronómicos.* Premio Nacional de Gastronomía. 1995, Martín de Retana Editor.

• LLONA LARRAURI, JESÚS.
Comer, beber, vivir. 1996, Acento Editorial

• LOTINA, ROBERTO.
Peces de mar y de río. 1975, Urmo, S.A.

• LOTINA, ROBERTO.
Mariscos y especies afines. 1992, Diputación Foral de Bizkaia.

• LUJÁN, NÉSTOR.
Historia de la Gastronomía. 1988, Plaza y Janés

• MATAIX VERDÚ, JOSÉ.
Tabla de composición de alimentos. 1995, Universidad de Granada.

• MILLO CASAS, LORENZO.
Gastronomía. 1990, Ediciones Pirámide.

• ODRIOZOLA, JOSE MARÍA.
Nutrición y Deporte. 1990, Eudema.

• P. GOMEZ, L. IRIZAR, R. IDIAQUEZ, P. QUINTANA, X. ZAPIRAIN.
Grandes maestros de la Nueva Cocina Vasca. 1982, Editorial Eléxpuru

• ROJAS HIDALGO, E.
Dietética. Principios y aplicaciones. 1985, Editorial CEA.

• SAROBE PUEYO, VÍCTOR MANUEL. *La cocina popular navarra.* 1995, Caja de Ahorros de Navarra.

• SUBIJANA, PEDRO.
Mis recetas de la tele. 1995. Penta Books.

• VARELA, GREGORIO.
Sobre la dieta española.Comentarios sobre una dieta sana.

• VARELA, GREGORIO.
La dieta mediterránea. 1995.

• VARELA, GREGORIO.
Dieta equilibrada en las personas de edad avanzada. 1993.

• VARONA, JAVIER, MOREIRAS VARELA, O., RUIZ-ROSO, B., GRANDE COVIAN, F.
Pescado graso, colesterol y enfermedades cardiovasculares. 1986, Fundación Española de la Nutrición.

• VAZQUEZ MONTALBÁN, MANUEL.
Contra los gourmets. 1990, Muchnik Editores.

Índice de recetas

ENTRANTES

HUEVOS

PESCADOS

ÍNDICE DE RECETAS

CARNES

POSTRES

POTES
EVEREST
Cocina Asturiana
Elviro Martínez
José A. Fidalgo
POSTRES
EVEREST
Cocina Canaria
Vicente Sánchez Araña
EVEREST
Cocina Leonesa
José Gutiérrez Tascón

COLECCIÓN “COCINA REGIONAL ESPAÑOLA”

Cocina alicantina
Cocina andaluza
Cocina aragonesa
Cocina asturiana
Cocina balear
Cocina canaria
Cocina cántabra
Cocina castellana
Cocina catalana
Cocina extremeña
Cocina gallega
Cocina leonesa
Cocina murciana
Cocina madrileña
Cocina navarra
Cocina riojana
Cocina valenciana
Cocina vasca